L'ÂGE D'OR DE L'INDE CLASSIQUE
L'EMPIRE DES GUPTA

Cette exposition est organisée par
la Réunion des musées nationaux,
le musée des arts asiatiques Guimet
et le musée national à New Delhi.

Elle bénéficie du mécénat
de PricewaterhouseCoopers.
PRICEWATERHOUSECOOPERS

Commissariat général

Jean-François Jarrige
de l'Institut
Président du musée des arts asiatiques Guimet

M.C. Joshi
Ancien Directeur général
de l'Archaeological Survey of India

Commissaires

J.E. Dawson
Conservateur (archéologie)
Musée national, New Delhi

Amina Okada
Conservateur en chef
Musée des arts asiatiques Guimet

Thierry Zéphir
Ingénieur d'études
Musée des arts asiatiques Guimet

Avec le concours scientifique de
Rita Devi Sharma
Conservateur (numismatique et épigraphie)
Musée national, New Delhi

En couverture

Tête de Buddha
Ve siècle
Grès rouge
Châmundâ Tîlâ, Mathurâ,
Government Museum, Mathurâ.

En 4e de couverture

***Gavâksha* orné d'un musicien**
Ve siècle
Grès
Mukundara, Râjasthân
Government Museum, Kota

49, rue Etienne Marcel
75039 Paris cedex 01
Paris, 2007
ISBN : 978-2-7118-5289-5

Galeries Nationales du Grand Palais
4 avril - 25 juin 2007

L'ÂGE D'OR DE L'INDE CLASSIQUE
L'EMPIRE DES GUPTA

par Thierry Zéphir

Liberté • Égalité • Fraternité
RÉPUBLIQUE FRANÇAISE
Ministère Culture Communication

rmn

Guimet musée national des ARTS ASIATIQUES

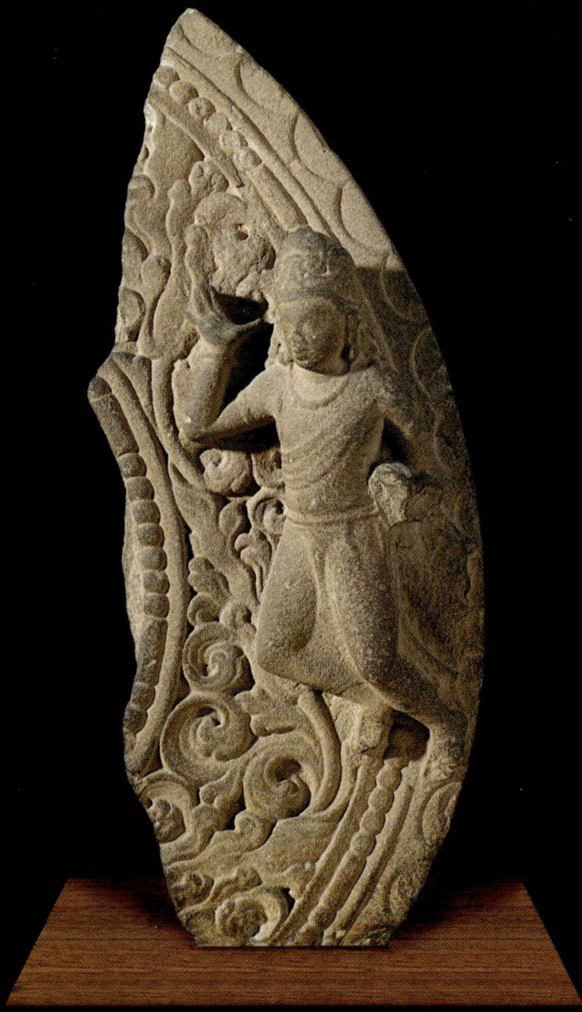

Fragment d'auréole ornée d'une divinité en vol
V^{e} - VIe siècle
Grès de Chunâr
Sârnâth (Vârânasî), Uttar Pradesh
Patna Museum, Patna

L'ÂGE D'OR DE L'INDE CLASSIQUE L'EMPIRE DES GUPTA

L'époque gupta (IVe – VIe siècle) marque l'apogée de la civilisation indienne. Durant cet âge d'or qui vit s'épanouir la pensée religieuse, les sciences, la littérature et le théâtre, l'art atteignit un raffinement et une perfection sans précédent. Les canons esthétiques et les modèles iconographiques élaborés à cette époque marqueront d'une empreinte durable les créations artistiques du nord du sous-continent indien et, bien au-delà, rayonneront sur l'ensemble des arts de l'Asie.
Grâce aux prêts exceptionnels consentis par 17 des plus grands musées indiens, un ensemble de 122 chefs-d'œuvre évoque la genèse et l'épanouissement de l'art gupta, des centres de création majeurs que furent Mathurâ et Sârnâth, aux IVe et Ve siècles, jusqu'aux foyers artistiques situés à la périphérie de l'empire, du Ve au VIe siècle. Monnaies d'or, images de culte et éléments de décor architectural en pierre, bas-reliefs et sculptures en terre cuite, statuettes en bronze, déclinent l'art gupta dans ses manifestations les plus variées et les plus éclatantes.

Introduction à l'histoire des grands Gupta

À l'instar des souverains de la première grande dynastie historique de l'Inde, celle des Maurya (IVe – IIe siècle avant J.-C.), les Gupta sont originaires du nord du sous-continent. À la suite de l'éclatement du grand empire des Kushâna (Ier – IIIe siècle), la puissance des Gupta se constitua progressivement au cours du IVe siècle. Originellement, le domaine de cette famille royale aux origines mal connues s'étendait sur une région située aux confins des actuels États du Bihâr et de l'Uttar Pradesh. En 319-320, le roi Chandragupta Ier monta sur le trône d'un modeste royaume, lequel allait dès lors connaître la plus brillante des destinées.

Des deux prédécesseurs de Chandragupta Ier, on ne connaît guère que les noms, Shrî Gupta et Ghatotkacha, ainsi que le titre sous lequel ils se faisaient désigner, celui de *Mahârâja*, en sanskrit «Grand Roi». L'histoire a retenu peu de détails du règne de Chandragupta Ier (environ 320-335). On sait qu'il épousa Kumâradevî, princesse de la lignée des Licchavi (fig. 1), une antique famille royale qui, au temps du Buddha, régnait à Vaishâlî, dans le nord du Bihâr. Cette alliance avec l'héritière d'une maison royale prestigieuse a pu jouer un certain rôle dans le développement de l'empire gupta naissant. Ce mariage, en effet, a probablement conféré à Chandragupta un statut politique auquel sa propre ascendance ne lui donnait pas directement accès ; en outre, il devait permettre à son fils, Samudragupta, d'affirmer plus tard certaine prétention au trône de son grand-père maternel, dans la mesure où sa mère elle-même n'en avait probablement pas hérité. Quelles que soient les raisons d'un tel mariage, il s'inscrit dans une politique d'alliances matrimoniales que les descendants de Chandragupta reprendront à leur compte en s'alliant avec les héritiers des royaumes dont ils pouvaient craindre l'opposition ou dont, à l'inverse, ils recherchaient l'appui. Comme tout grand monarque indien, Chandragupta effectua diverses conquêtes. L'accroissement des territoires sur lesquels s'étendait son autorité, et partant le développement de son pouvoir, transparaissent dans son titre de *Mahârâjâdhirâja*, «Roi suprême des Grands Rois», plus pompeux que celui de ses ancêtres. On considère traditionnellement que sa capitale était la grande cité de Pâtaliputra, la moderne Patna (Bihâr), mais des recherches récentes tendent à indiquer qu'il se serait plutôt agi de Prayâga, l'actuelle Allahâbâd (Uttar Pradesh), où de très importantes inscriptions ont été retrouvées et dont les environs comportent divers monuments d'époque gupta.

Fig. 1

Monnaie de Chandragupta Ier

Type «Roi et Reine»
Or

Bayana, Râjasthân
National Museum, New Delhi

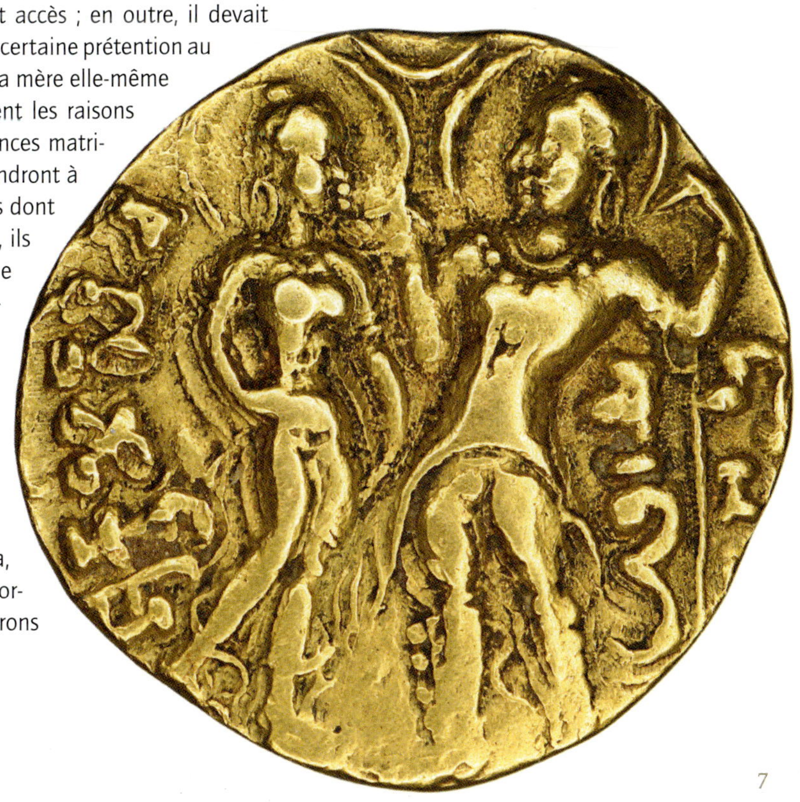

Le fils et successeur de Chandragupta Ier, Samudragupta (environ 335-375), fut sans conteste l'un des plus grands conquérants de l'histoire indienne. Dans le panégyrique qu'il fit graver sur une antique colonne d'Ashoka – le célèbre roi bouddhiste de la brillante dynastie des Maurya, au IIIe siècle avant J.-C. – l'empereur énumère ses innombrables conquêtes et offre à l'historien un tableau précis des pouvoirs en présence autour de son domaine. Dans l'Âryâvarta (le pays des Ârya, c'est à dire l'Inde), ce dieu qui habiterait ce monde (entendons ici le monarque) «déracina» de nombreux souverains afin de s'attribuer un très vaste territoire s'étendant du Bengale occidental, à l'est, jusqu'aux régions de Mathurâ (Uttar Pradesh), à l'ouest, et Vidishâ (Madhya Pradesh), au sud-ouest. Parmi les rois soumis par Samudragupta, certains furent purement et simplement éliminés, d'autres ravalés au rang de vassaux, d'autres encore, sans avoir été à proprement parler soumis, durent reconnaître sa suprématie et s'engager à lui verser un tribut, d'autres enfin restèrent indépendants tout en entretenant des relations diplomatiques avec lui. À l'issue de ses conquêtes, Samudragupta était devenu suzerain de l'ensemble de l'Inde septentrionale ; il fit mettre en œuvre l'antique Sacrifice du cheval, «*ashvamedha*», (fig. 2) qui le consacra *chakravartin* (monarque universel). L'importance des actes politiques et des conquêtes du grand empereur ne doivent toutefois pas masquer le fait qu'il fut aussi un pieux vishnuite – la foi personnelle de la plupart des souverains de la dynastie – et un grand mécène des arts et des lettres, se targuant lui-même d'être aussi habile poète que musicien doué.

La période qui suivit la mort de Samudragupta vit deux de ses fils, les princes Râmagupta et Chandragupta, s'affronter pour la possession du pouvoir. D'après une légende reflétant peut-être quelque vérité, l'héritier légitime du trône, le jeune Râmagupta, afin d'assurer sa sauvegarde et celle de l'empire alors en proie aux attaques du roi Rudrasimha III, maître d'un turbulent royaume de l'Inde occidentale, aurait consenti à céder son épouse, la princesse Dhruvadevî, à son dangereux voisin. Devant cette ignominie, Chandragupta, déguisé en femme, se serait rendu dans le camp de l'agresseur et l'aurait tué, gagnant tout ensemble et l'estime de son peuple et celle de la reine outragée. De retour à la cour, il se serait débarrassé de son frère et, après avoir épousé Dhruvadevî, aurait fait main basse sur le trône. Chandragupta, deuxième du nom dans la dynastie (environ 375-415), semble avoir hérité des qualités politiques et diplomatiques de son grand-père et de la valeur militaire de son père. Il aurait ainsi poussé ses armées loin vers le nord-ouest, jusqu'en Bactriane (au nord de l'actuel Afghanistan), et conquis divers territoires situés à l'est de son immense domaine. Sous sa conduite, l'empire gupta atteignit sa plus grande extension. Perpétuant la politique d'alliances matrimoniales de son grand-père, il donna l'une de ses filles en mariage au roi d'un puissant État voisin, celui des Vâkâtaka, lequel correspondait grossièrement au Mahârâshtra actuel. Disposant du pouvoir sur l'ensemble des terres qui s'étendaient de la mer de l'Est à la mer de l'Ouest, Chandragupta II, que l'on désigne parfois sous le titre glorieux de «Soleil d'héroïsme», fut aussi un grand mécène qui accueillait artistes et poètes à sa cour, parmi lesquels, sans doute, ce «Prince des poètes» que fut le grand Kâlidâsa. Le pèlerin chinois bouddhiste Faxian visita l'Inde à cette époque ; dans ses écrits, le moine évoque un royaume cosmopolite, prospère et dans lequel une grande tolérance religieuse était de mise.

Sous Kumâragupta Ier (environ 415-455), l'empire conserva son intégrité mais aucune nouvelle conquête n'eut lieu. Dans les dernières années de son règne, Kumâragupta s'adonna probablement à la vie érémitique tout en conservant un regard sur la conduite des affaires.

Fig. 2

Monnaie de Samudragupta

Type «*ashvamedha*»
Or

Bayana, Râjasthân
National Museum, New Delhi

Page suivante : avers
Ci-dessous : revers

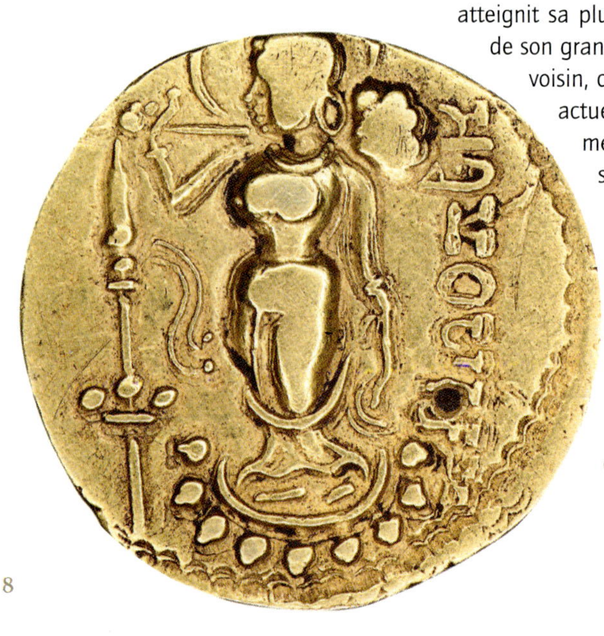

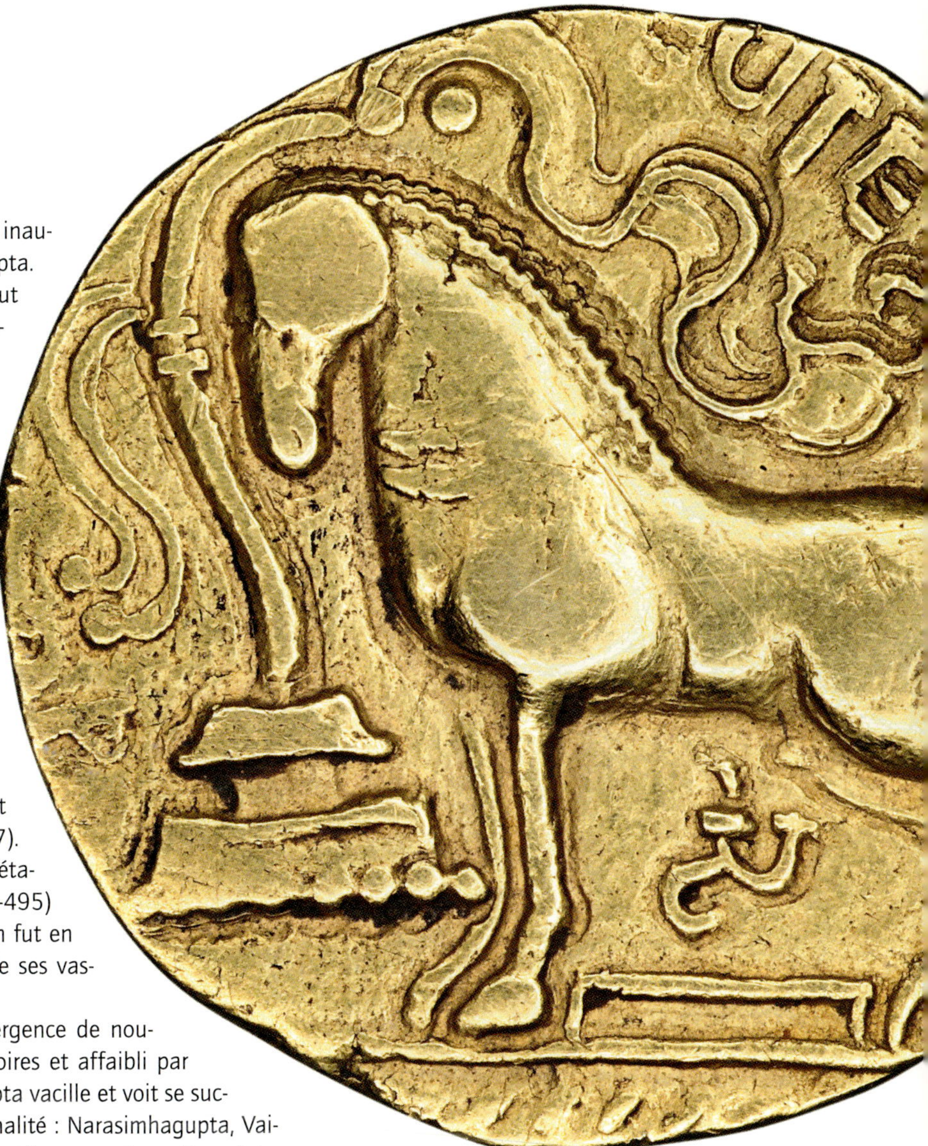

Le règne de Skandagupta (environ 455-467) inaugura une période troublée dans l'histoire gupta. Ses débuts furent difficiles en ce que le roi eut à faire face à deux graves problèmes : l'agression des rois de la dynastie des Pushyamitra, au sud-ouest de l'empire, et les premières attaques de tribus nomades d'Asie centrale, les Shvetahûna (Huns Blancs ou Hephtalites), au nord-ouest. Le monarque parvint pourtant à rétablir l'ordre et maintint vaille que vaille l'intégrité des territoires et le prestige de la dynastie.

L'ordre de succession des monarques ultérieurs n'est pas connu avec précision. Plusieurs souverains ont d'ailleurs pu régner ensemble sur un empire à la veille de s'effondrer et dont on a l'impression qu'il se fissurait autant de l'extérieur que de l'intérieur.

À Skandagupta pourrait avoir brièvement succédé son frère, Purugupta (attesté en 467). Puis, d'une liste confuse de souverains se détache le nom de Budhagupta (environ 476-495) sous le règne duquel le site vishnuite d'Eran fut en grande partie réalisé, à l'instigation d'un de ses vassaux, le *Mahârâja* Mâtrivishnu.

Au début du VIe siècle, miné par l'émergence de nouveaux pouvoirs au sein même de ses territoires et affaibli par les attaques répétées des Huns, l'empire gupta vacille et voit se succéder plusieurs souverains de faible personnalité : Narasimhagupta, Vainyagupta (attesté en 507), Bhânugupta, dont le nom est mentionné dans une inscription d'Eran datée de 510... Dès les années 550, l'empire s'est effondré. Jusqu'au VIIe siècle, quelques descendants des grands Gupta réussiront à se maintenir sur un territoire correspondant à peu près au noyau originel de l'empire, mais ils n'ont dès lors plus rien à voir avec leurs illustres prédécesseurs. Les destins de l'Inde passent alors en d'autres mains.

L'importance de la dynastie des Gupta ne saurait être rapportée aux seuls accomplissements politiques ou guerriers de ses plus grands représentants. L'époque fut marquée par un esprit de tolérance religieuse qui permit aux différents courants de l'hindouisme, le vishnuisme – dont l'un des plus beaux sites demeure celui de Deogarh – et le shivaïsme – qu'illustrent les temples de Nâchnâ Kutharâ ou de Bhumârâ –, de se développer sans que les fois jaïne et bouddhique n'en soient marginalisées pour autant. La médecine, les mathématiques, l'astronomie, – avec, entre autres, Âryabhata, lequel établit la valeur de π (pi) et détermina que la terre était ronde et tournait sur son axe – connurent un essor sans pareil, aux côtés du théâtre et de la poésie dont on a dit plus haut qu'ils trouvèrent en Kâlidâsa un maître inspiré, «observateur attentif et subtil de l'âme humaine». De cette époque d'excellence, nous restent aussi les plus belles œuvres créées par le génie artistique de l'Inde, ces admirables effigies de dieux hindous ou ces émouvantes images du Buddha, toutes marquées au sceau d'une idéale perfection formelle et expressive, déclinée avec autant de sensibilité que de noblesse et d'élégance.

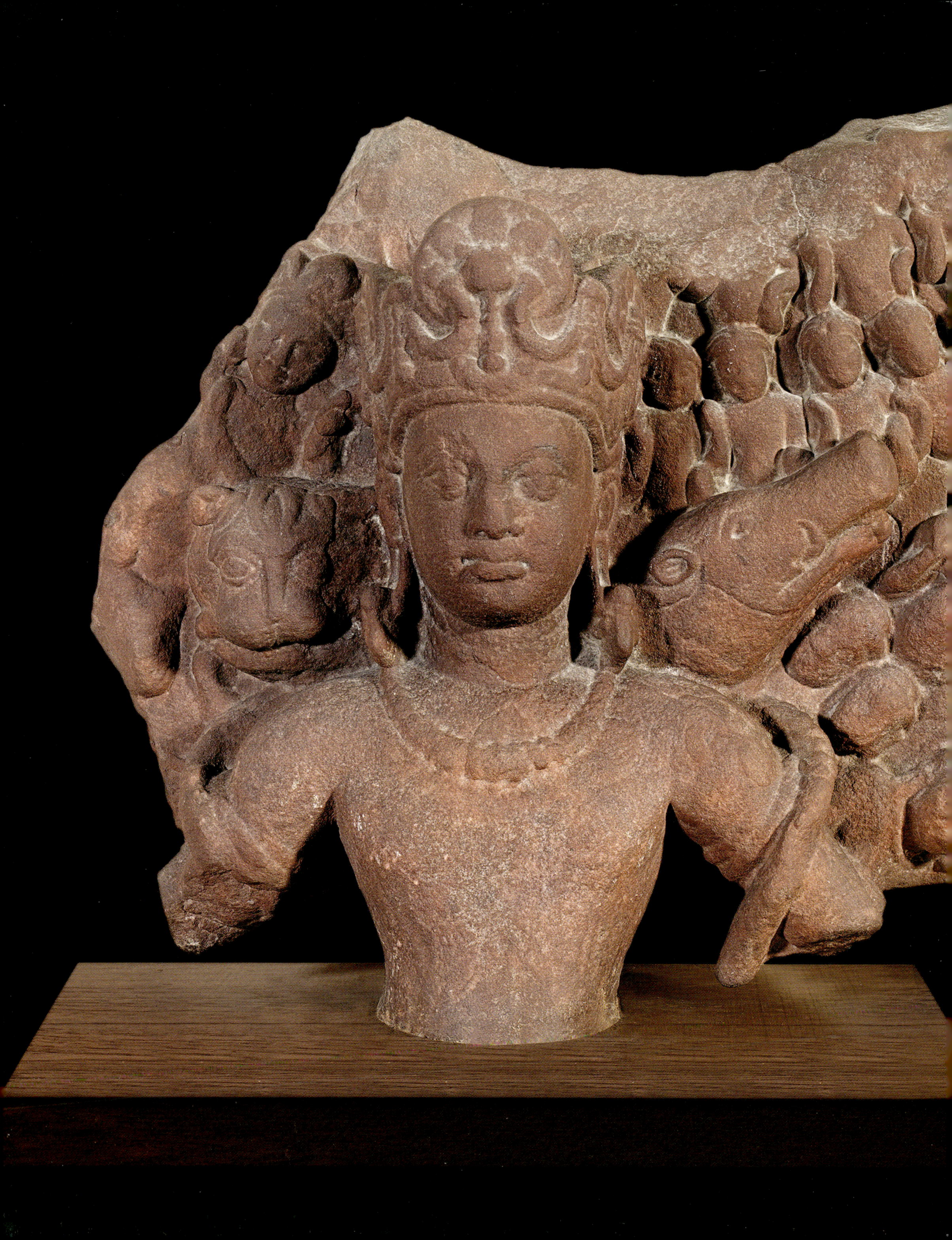

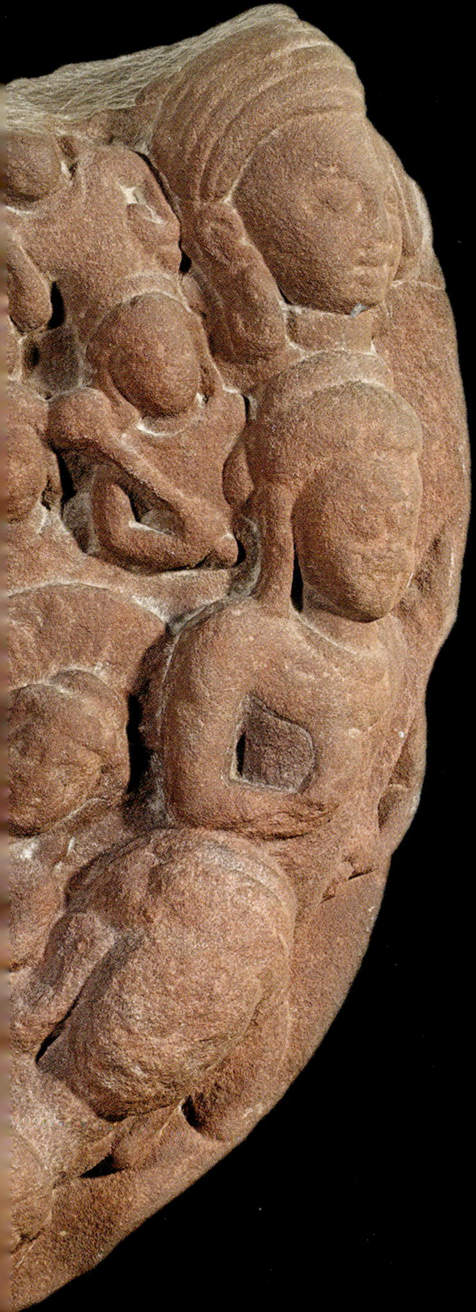

Mathurâ

Occupée dès le VIIIe siècle avant J.-C., Mathurâ est demeurée jusqu'à nos jours un centre urbain et religieux très actif. Rien ne subsiste de la ville gupta, mais les importantes fouilles archéologiques conduites à la périphérie de la cité, dès la fin des années 1830, et les multiples découvertes de hasard effectuées au cours des XIXe et XXe siècles ont révélé une quantité considérable de statues de culte – dieux hindous, images du Buddha ou encore tîrthankara jaïns – ainsi que de nombreux éléments de décor architectural.

Dans le grès rouge des carrières locales de Sikrî, les artistes gupta ont élaboré un style imposant dont les caractéristiques procèdent de l'art robuste et éclectique des Kushâna (Ier – IIIe siècle).

Les proportions longilignes des corps au modelé puissant, l'expression altière, mais néanmoins sereine et souriante, des visages relèvent d'une recherche esthétique visant à traduire la spiritualité la plus élevée sous des traits idéalisés, aussi éloignés que possible de la pure perfection physique de l'humaine nature.

Vishnu Vishvarûpa
Ve siècle
Grès rouge
Bhankari, Aligarh
Uttar Pradesh
Government Museum, Mathurâ

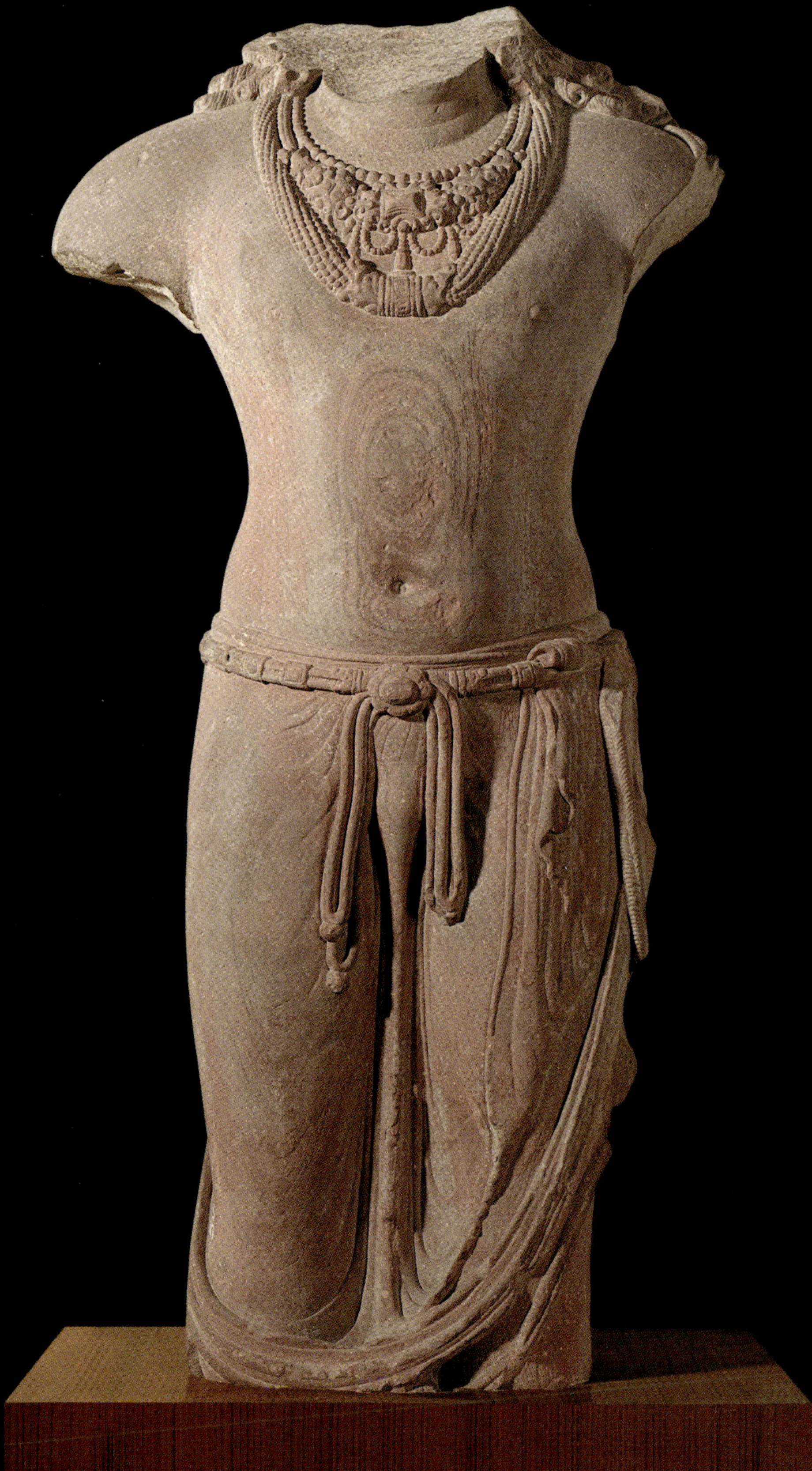

◄ **Vishnu (?)**
Ve siècle
Grès rouge
Jaisinghpura, Mathurâ, Uttar Pradesh
Government Museum, Mathurâ

► **Vishnu**
Ve siècle
Grès rouge
Katrâ-Keshavadeva, Mathurâ, Uttar Pradesh
National Museum, New Delhi

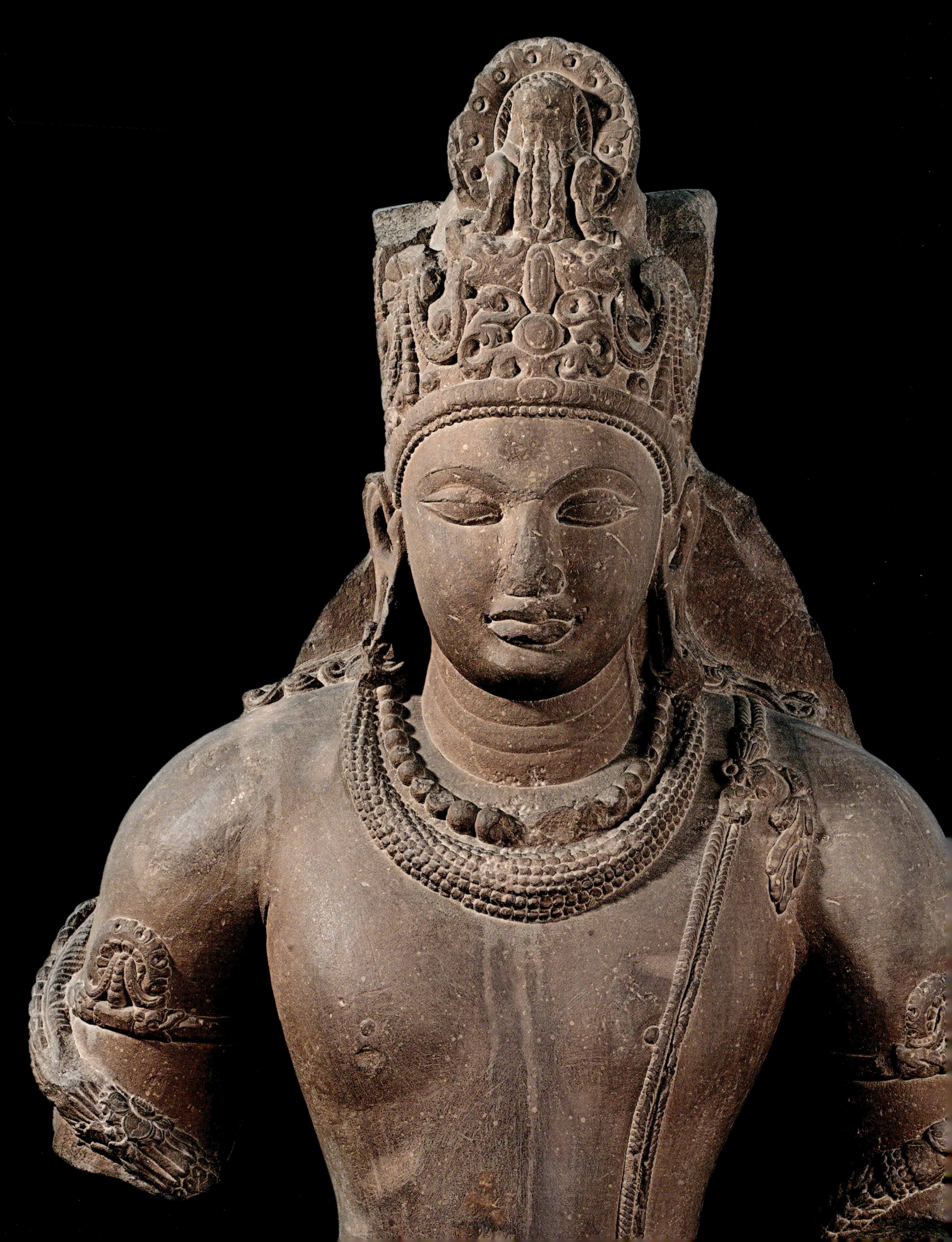

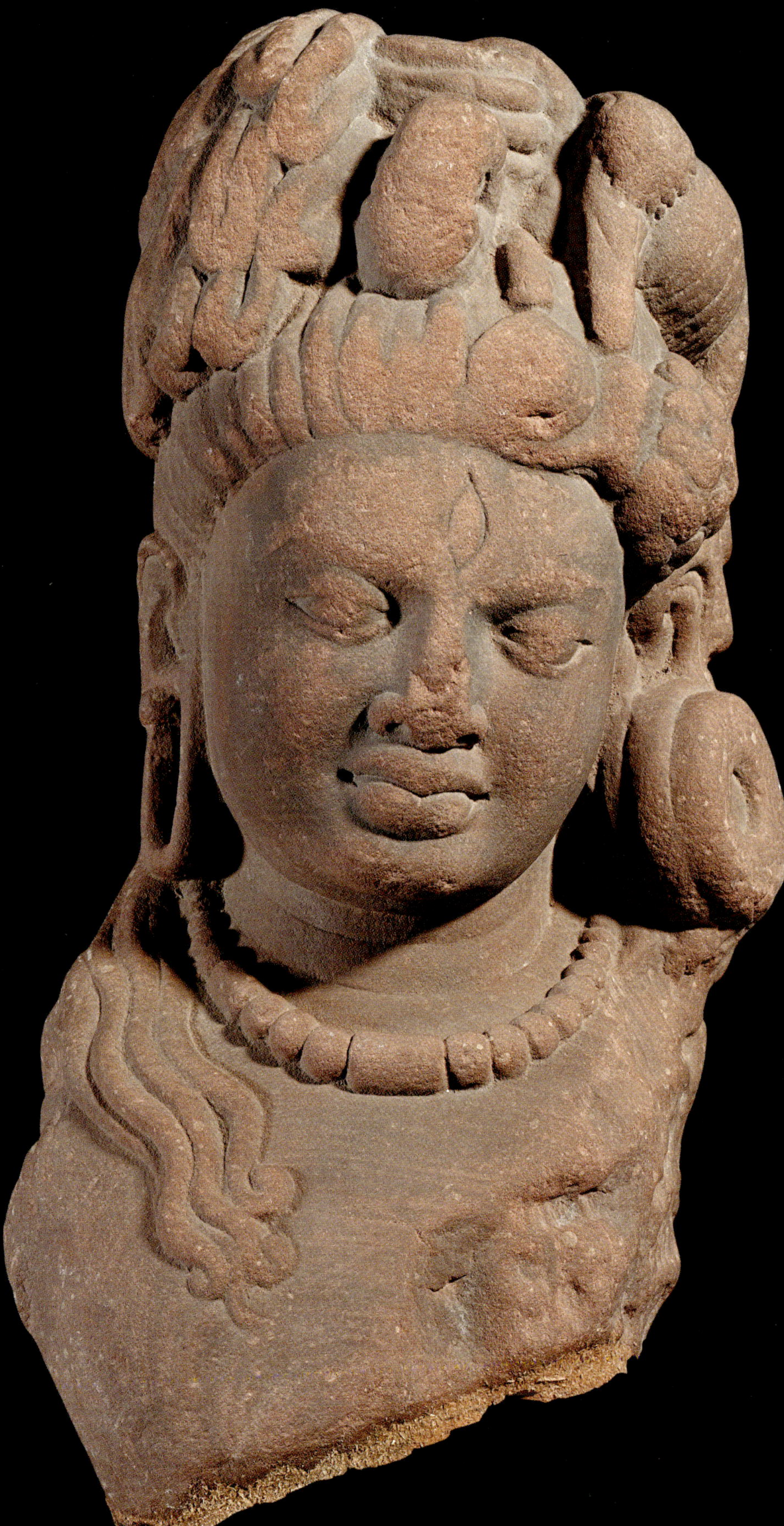

◄ **Shiva Ardhanârîshvara**

Ve siècle
Grès rouge

Gosna Well, Mathurâ
Government Museum, Mathurâ

► ***Shâlabhanjikâ***

Ve siècle
Grès rouge

Katrâ-Keshavadeva, Mathurâ
Government Museum, Mathurâ

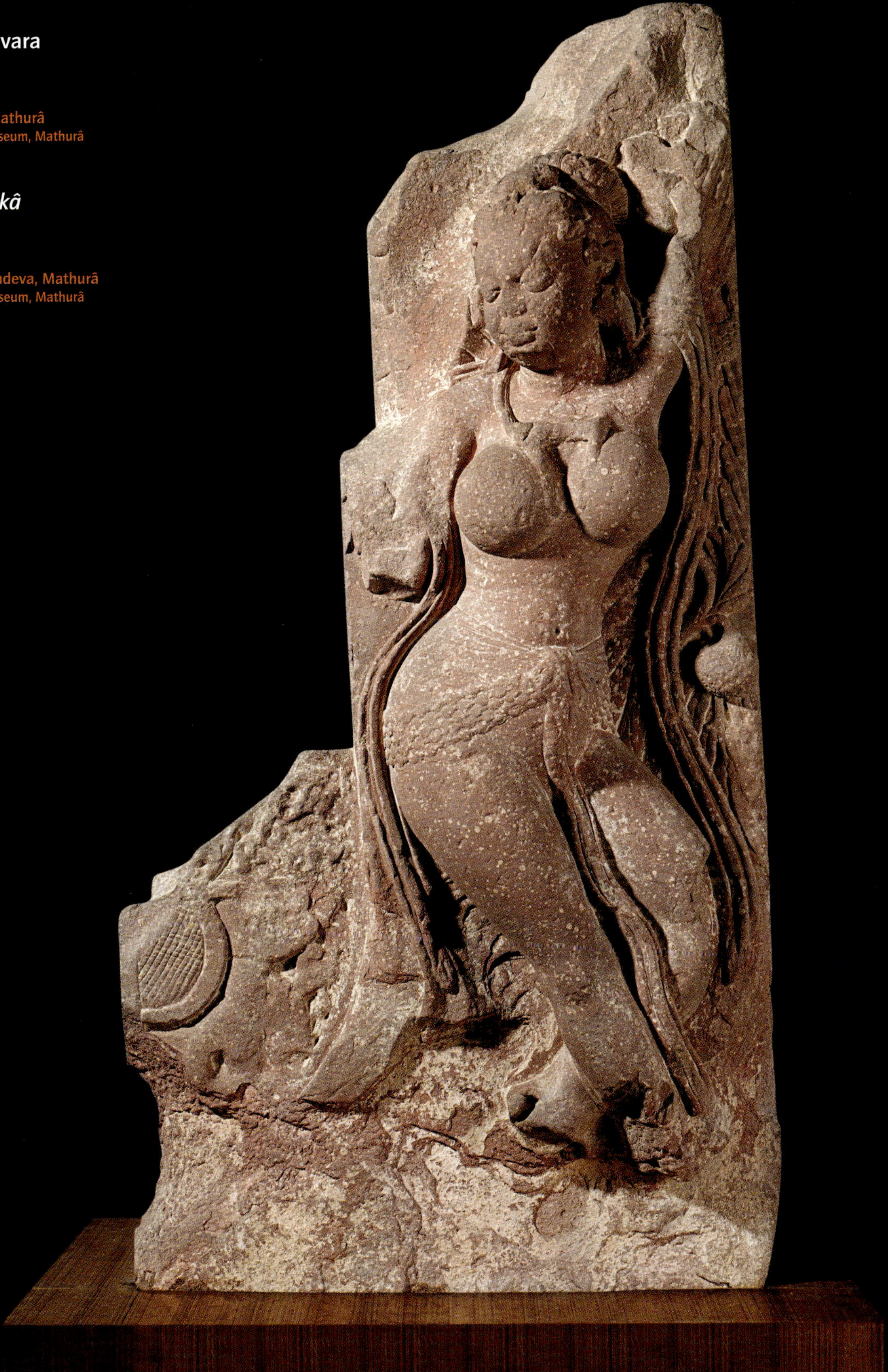

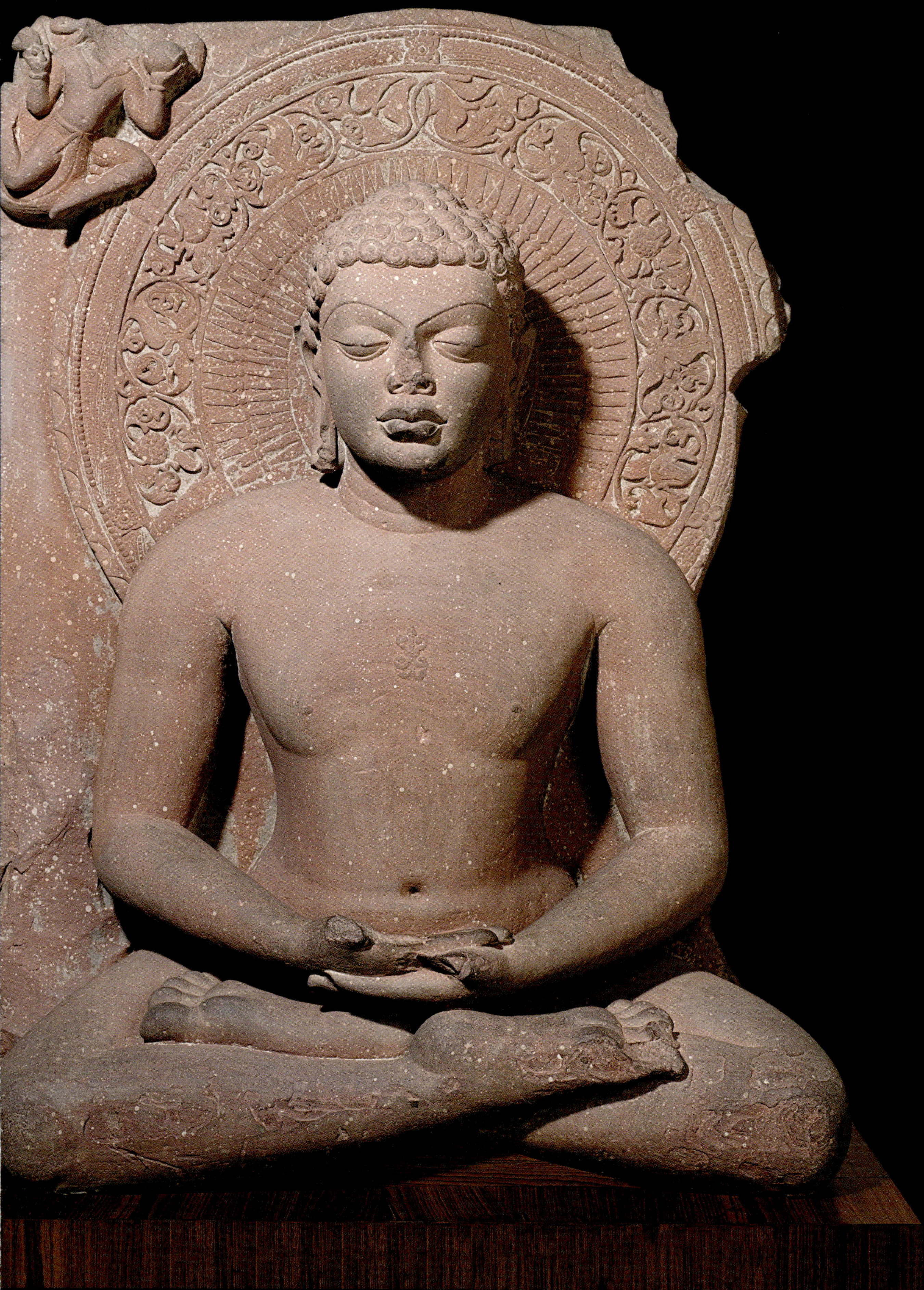

◄ **Tîrthankara jaïn**

Ve siècle
Grès rouge

Kankâlî Tîlâ, Mathurâ,
Uttar Pradesh
State Museum, Lucknow

Les deux mains posées l'une au-dessus de l'autre dans le giron sont dans la position de la méditation : *dhyâna mudrâ*

► **Buddha**

Ve siècle
Grès rouge

Jamâlpur Mound, Mathurâ,
Uttar Pradesh
Government Museum, Mathurâ

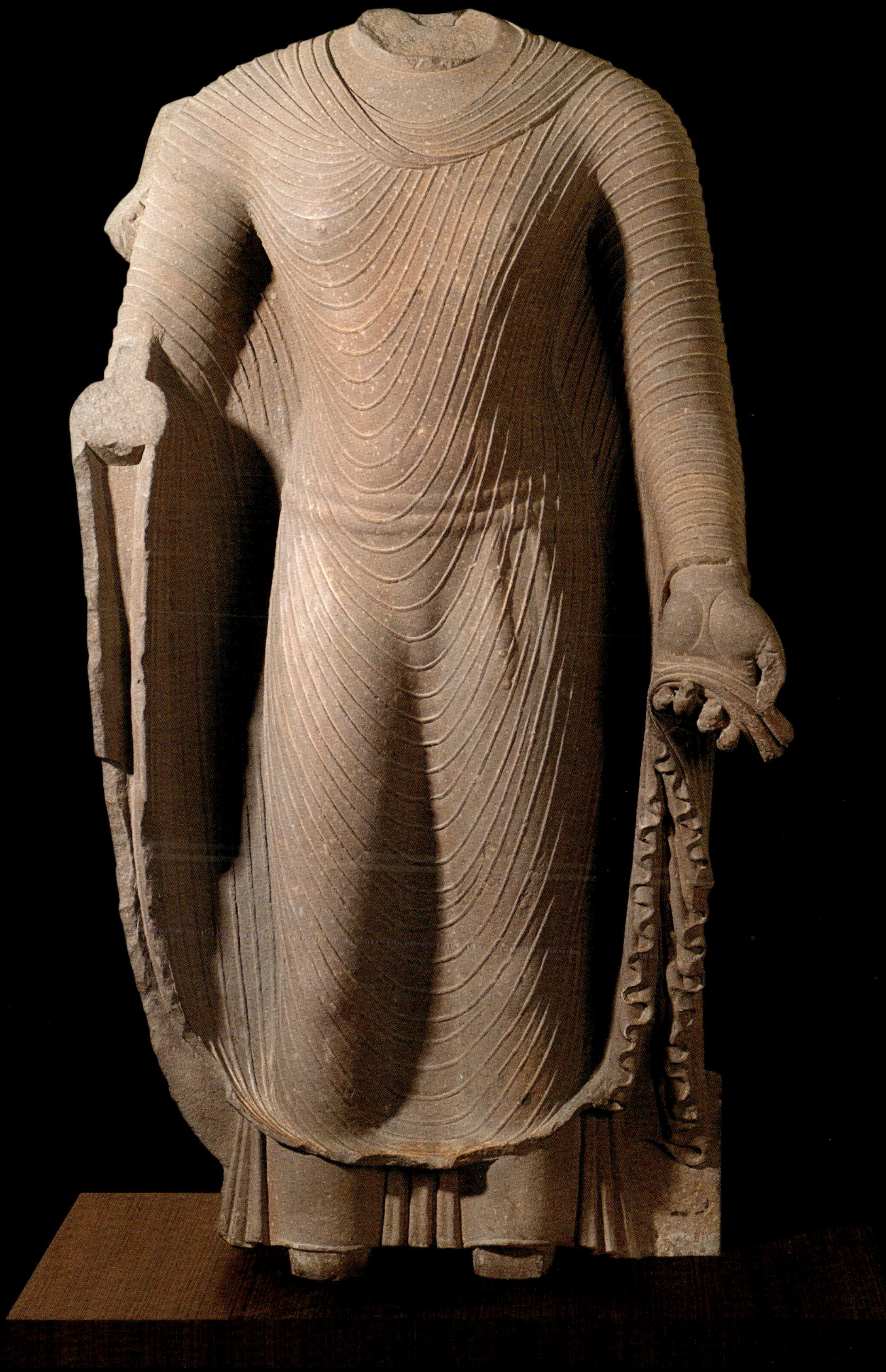

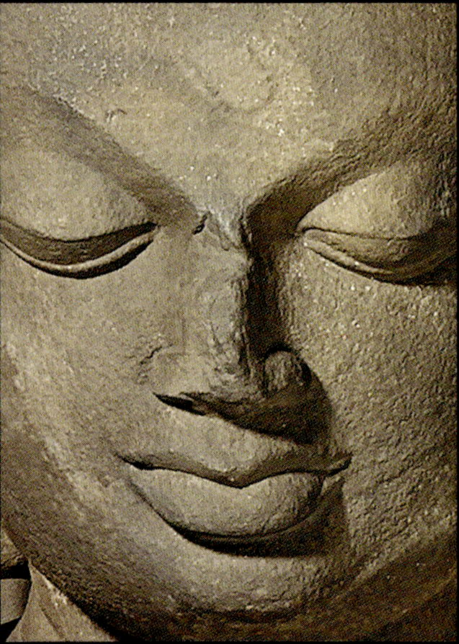

C'est dans le grès beige des carrières de Chunâr que les artistes gupta ont approfondi et affiné les tendances développées dans l'école de Mathurâ. Frémissantes d'intériorité et de spiritualité contenue, dominées par une grâce et une élégance hautaine, les sculptures de l'école de Sârnâth se présentent comme autant d'épures au modelé fluide et à l'expression empreinte de noblesse et de sérénité. Avec leurs yeux mi-clos aux paupières délicatement galbées et leur calme sourire, les Buddha de Sârnâth possèdent un caractère ostensiblement éthéré. Ils invitent à l'introspection et incarnent l'accomplissement le plus absolu et le plus magistral de l'esthétique subtile des artistes gupta.

Buddha

Ve siècle.
Grès de Chunâr

Sârnâth (Vârânasî),
Uttar Pradesh
Indian Museum, Kolkata

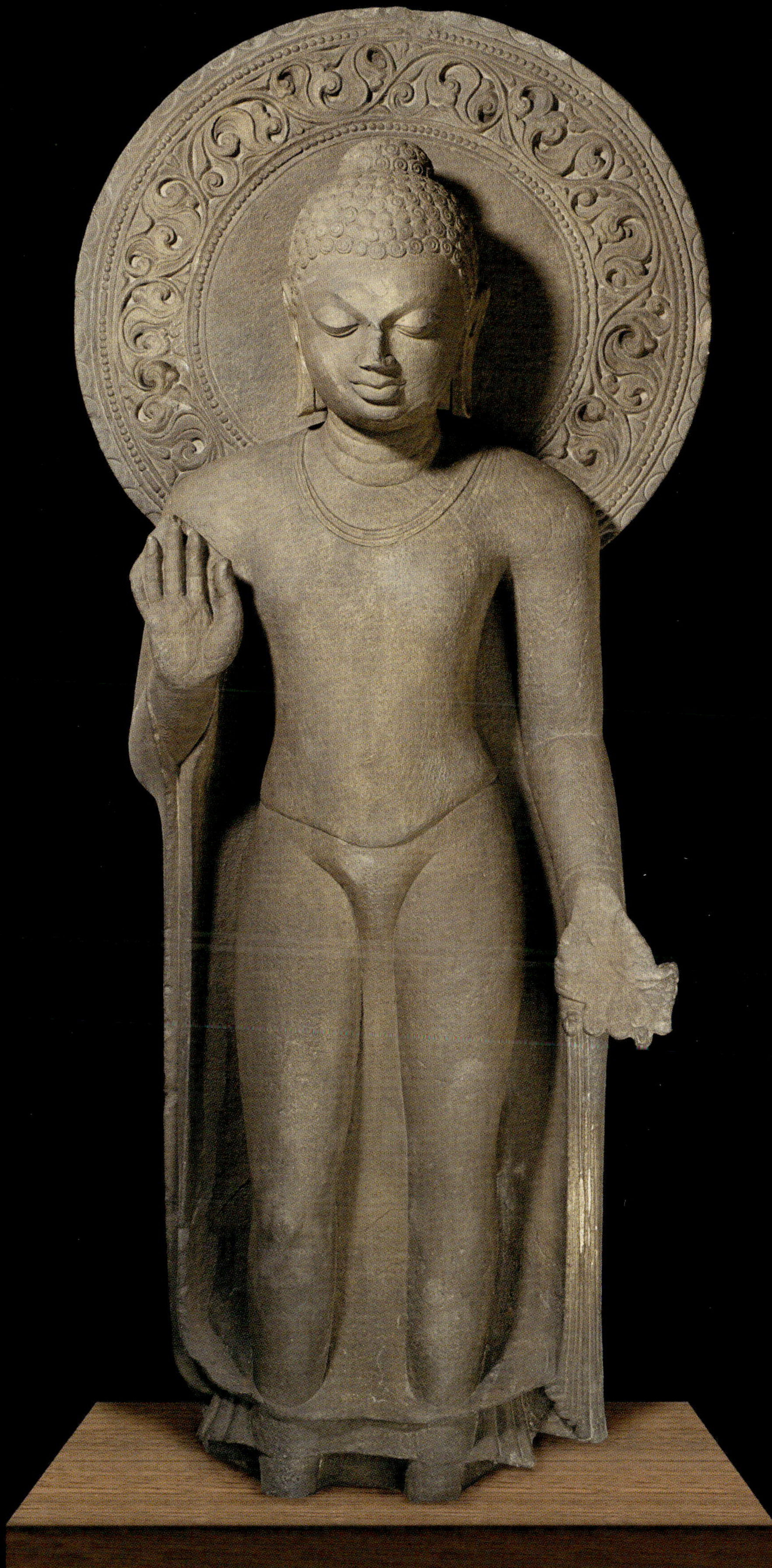

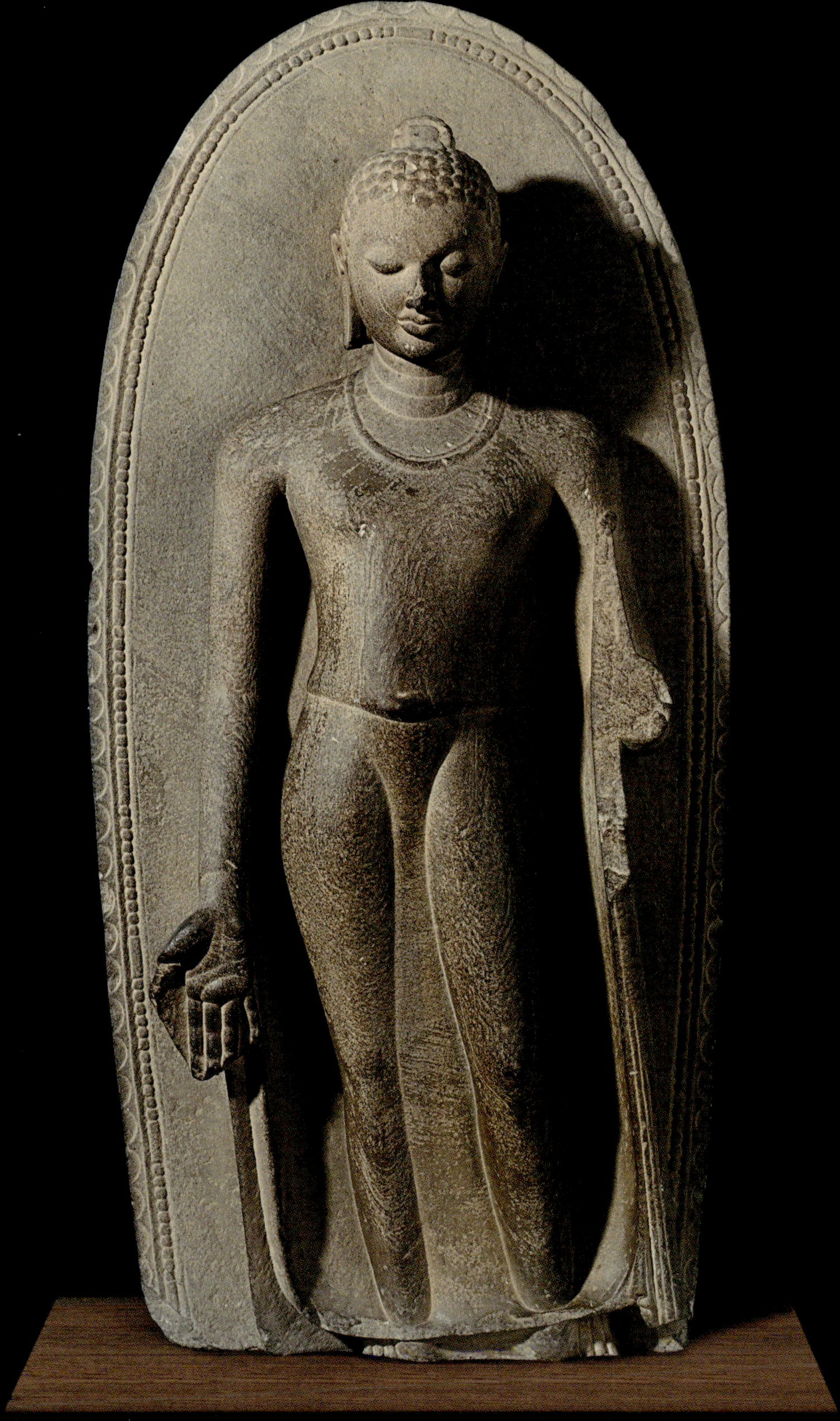

◄ **Buddha**

Ve siècle.
Grès de Chunâr

Sârnâth (Vârânasî),
Uttar Pradesh
Archaeological Museum (ASI),
Sârnâth

La main droite effectue le geste du don : *varada mudrâ*

► **Buddha prêchant**

VIe siècle
Grès de Chunâr

Sârnâth (Vârânasî),
Uttar Pradesh
Archaeological Museum (ASI),
Sârnâth

Les deux mains réunies à hauteur de poitrine forment le sceau de la mise en mouvement de la Roue de la Loi : *dharmachakrapravartana mudrâ*

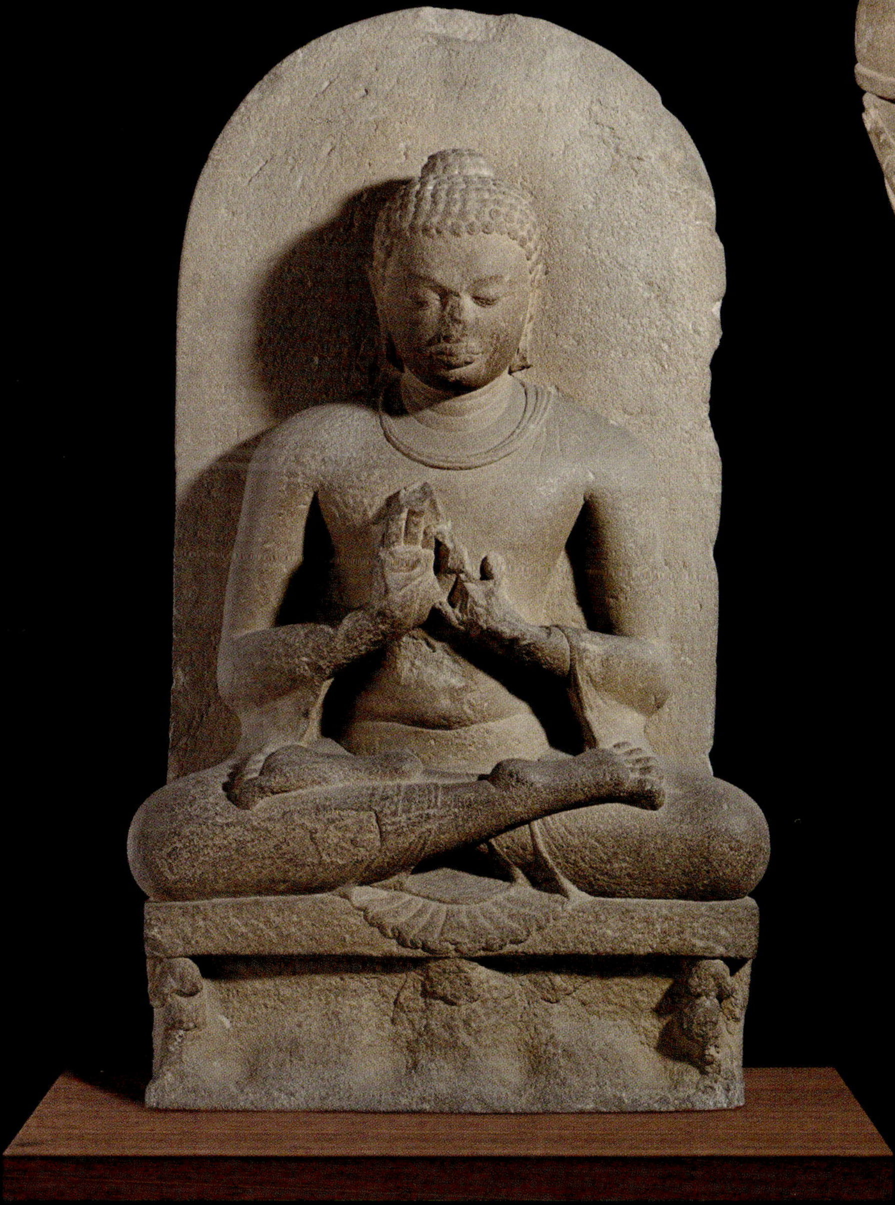

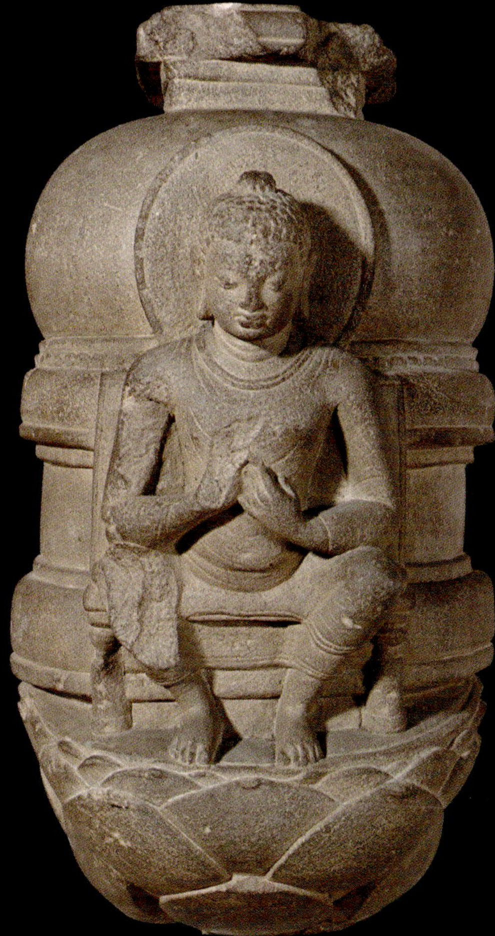

▲ ***Stûpa* orné d'un Buddha prêchant**

Ve – VIe siècle
Grès de Chunâr

Sârnâth (Vârânasî),
Uttar Pradesh
Archaeological Museum (ASI),
Sârnâth

▸ **Tête de Buddha**

Ve - VIe siècle
Grès de Chunâr

Sârnâth (Vârânasî),
Uttar Pradesh
Archaeological Museum (ASI),
Sârnâth

▾ **Tête de Buddha**

Ve siècle
Grès de Chunâr

Sârnâth (Vârânasî),
Uttar Pradesh
Archaeological Museum (ASI),
Sârnâth

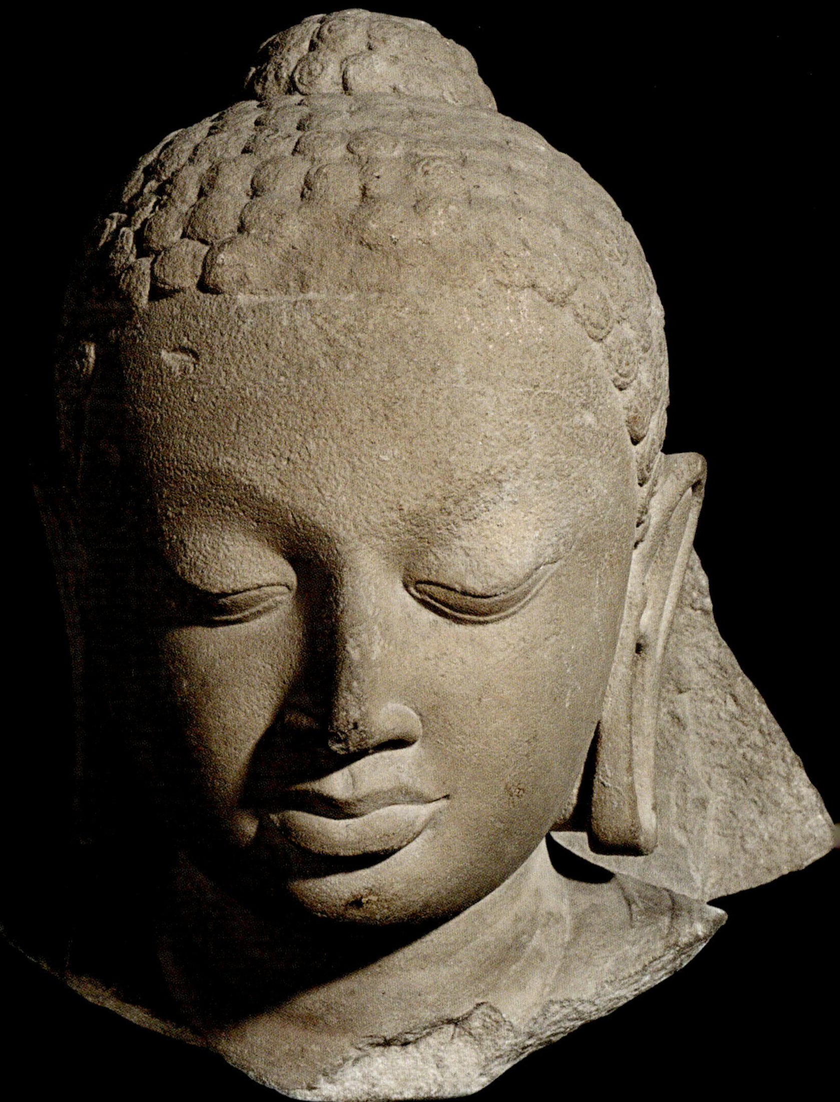

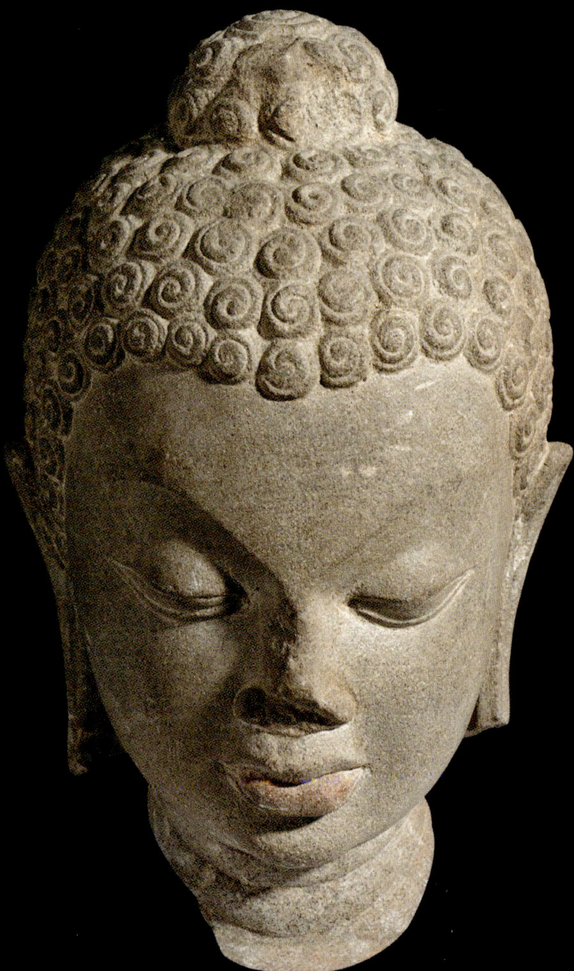

▸ **Scènes de la vie du Buddha**

Ve siècle
Grès de Chunâr

Sârnâth (Vârânasî),
Uttar Pradesh
Indian Museum, Kolkata

De bas en haut :
la Naissance, l'Éveil, le premier Sermon et la grande Extinction ou *mahâparinirvâna*.

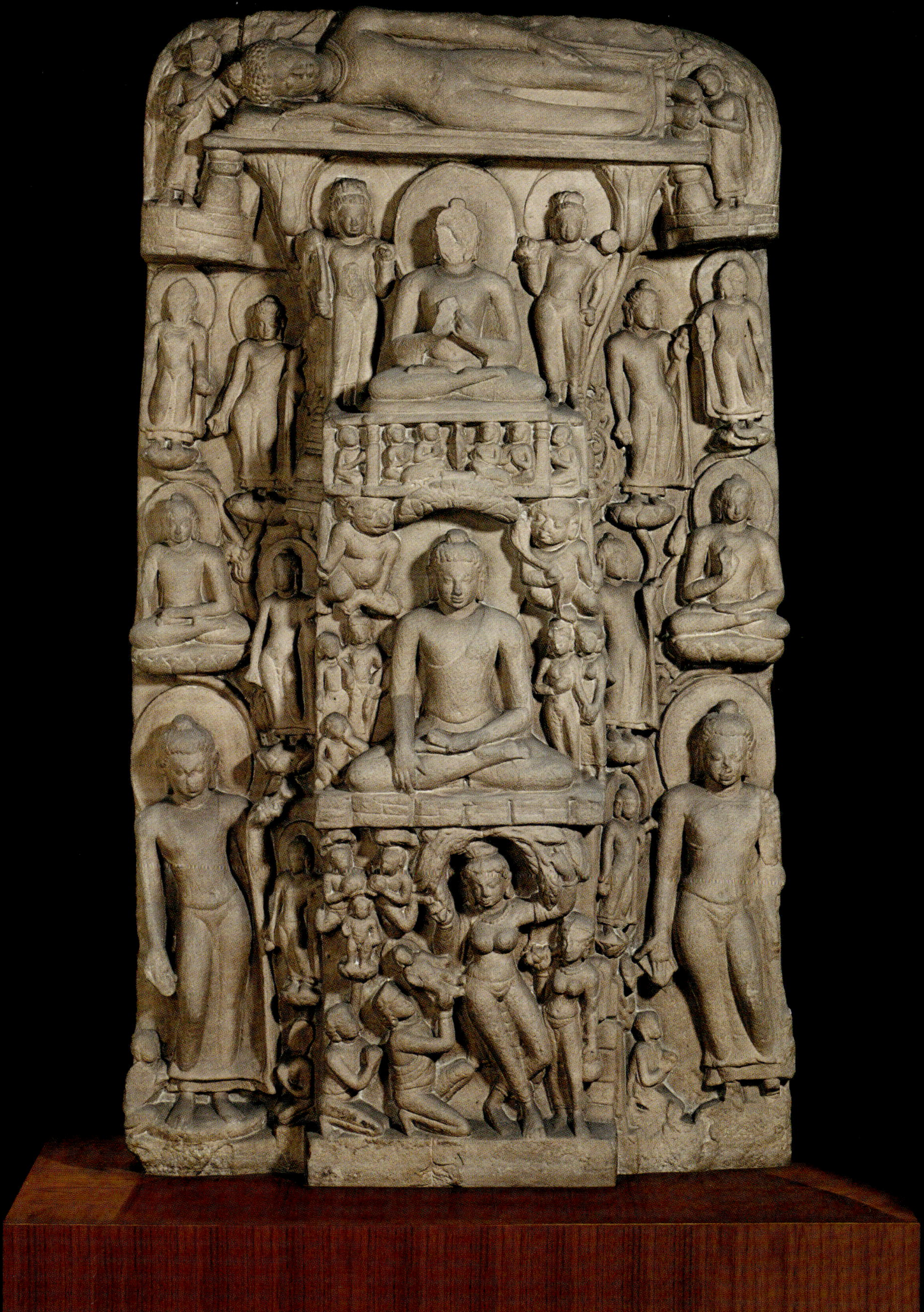

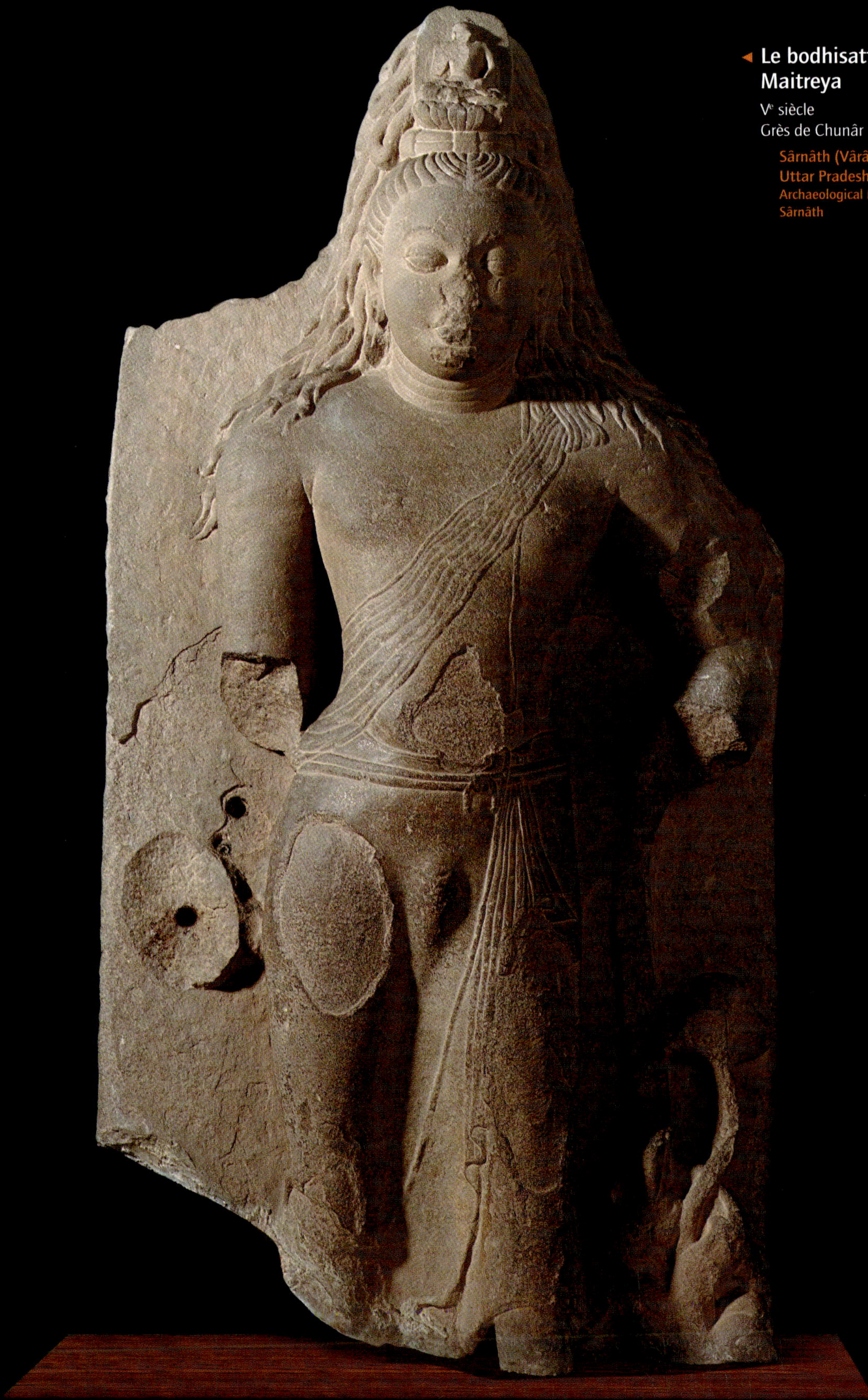

◂ **Le bodhisattva Maitreya**

Ve siècle
Grès de Chunâr

Sârnâth (Vârânasî), Uttar Pradesh
Archaeological Museum (ASI), Sârnâth

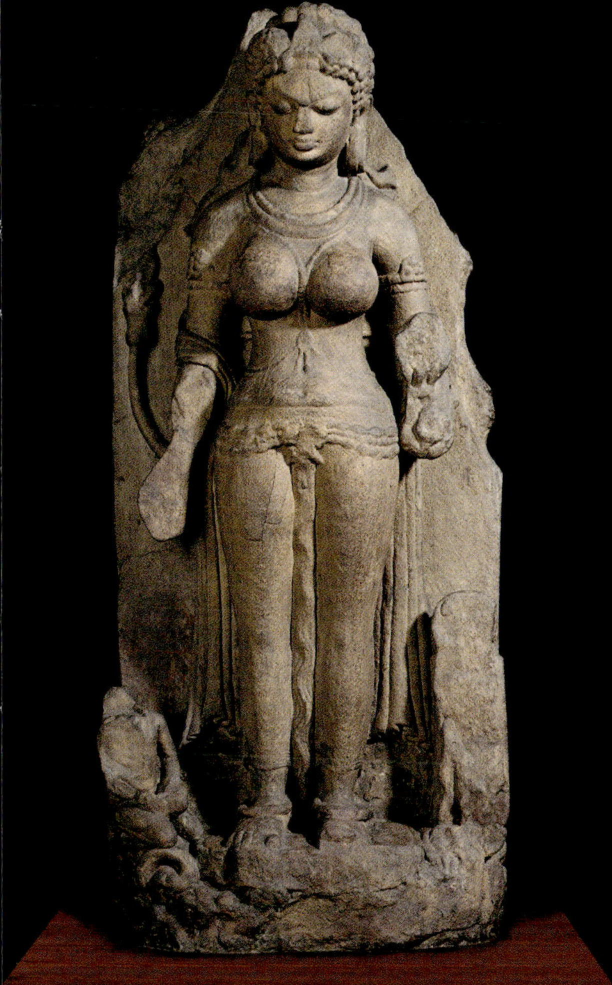

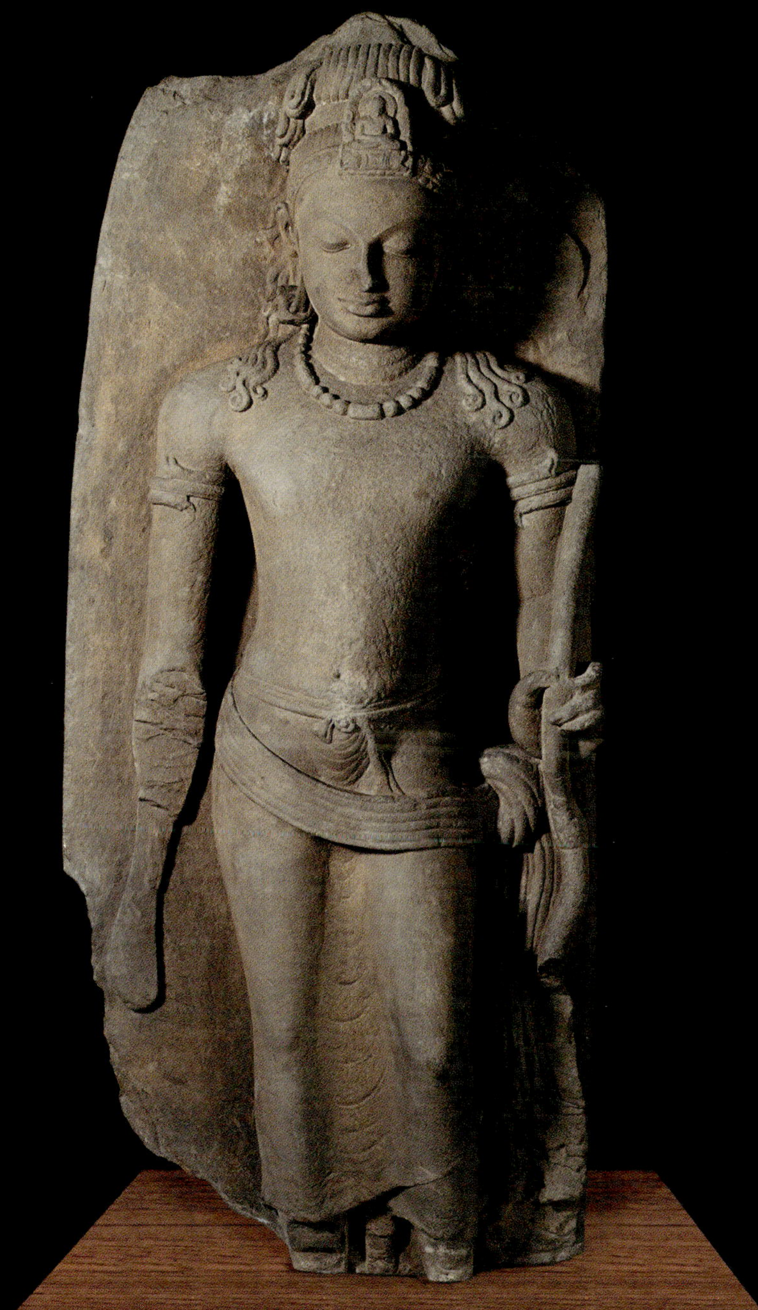

▲ **Le bodhisattva féminin Târâ**

VIe siècle
Grès de Chunâr

Sârnâth (Vârânasî), Uttar Pradesh
Indian Museum, Kolkata

► **Le bodhisattva Avalokiteshvara**

Fin du Ve siècle
Grès de Chunâr

Sârnâth (Vârânasî), Uttar Pradesh
Indian Museum, Kolkata

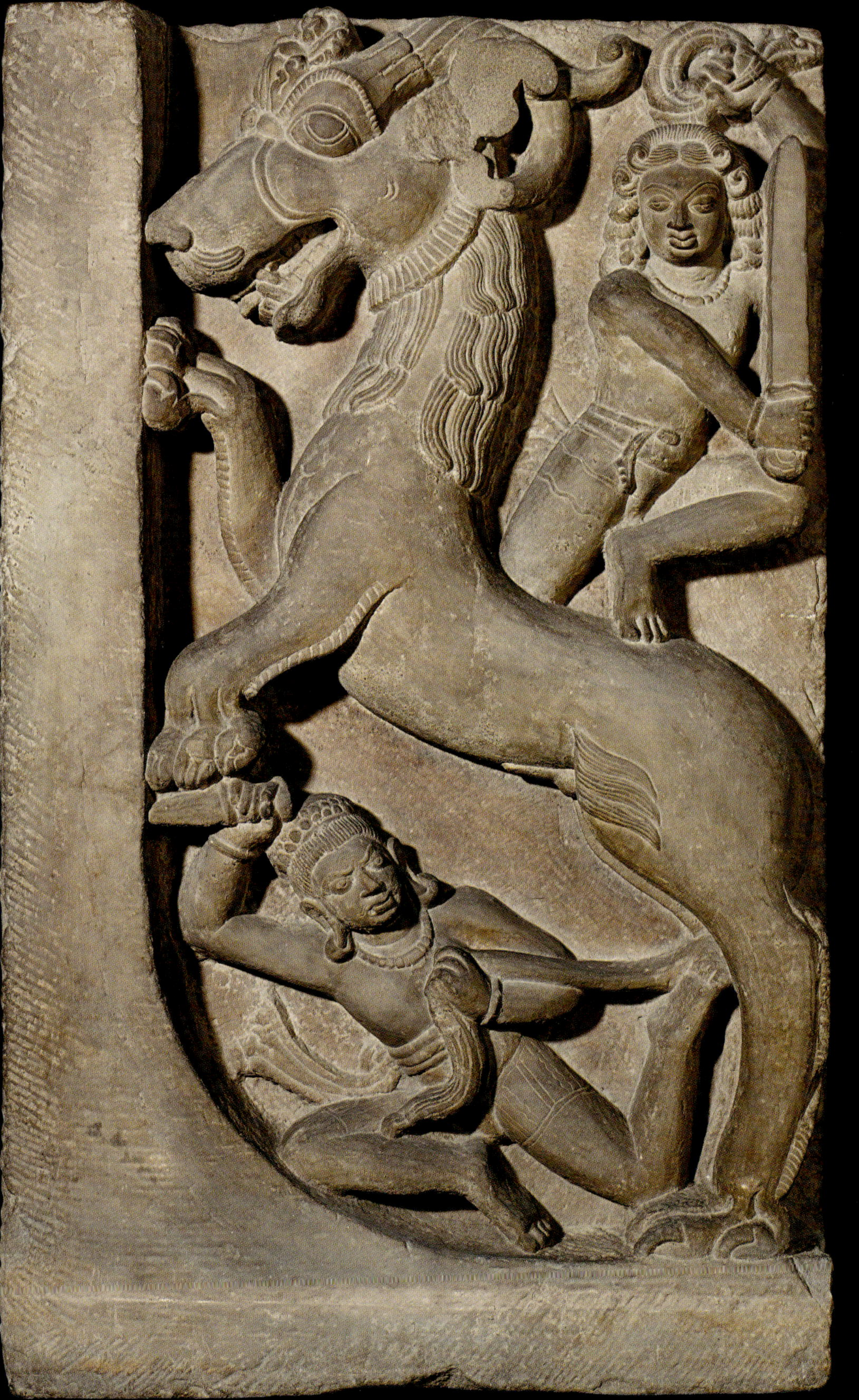

◄ *Vyâla* ou léogryphe
Ve siècle
Grès de Chunâr
Sârnâth (Vârânasî), Uttar Pradesh
National Museum, New Delhi

► ***Vyâla* ou léogryphe (détail)**
Ve siècle
Grès de Chunâr
Sârnâth (Vârânasî), Uttar Pradesh
Archaeological Museum (ASI), Sârnâth

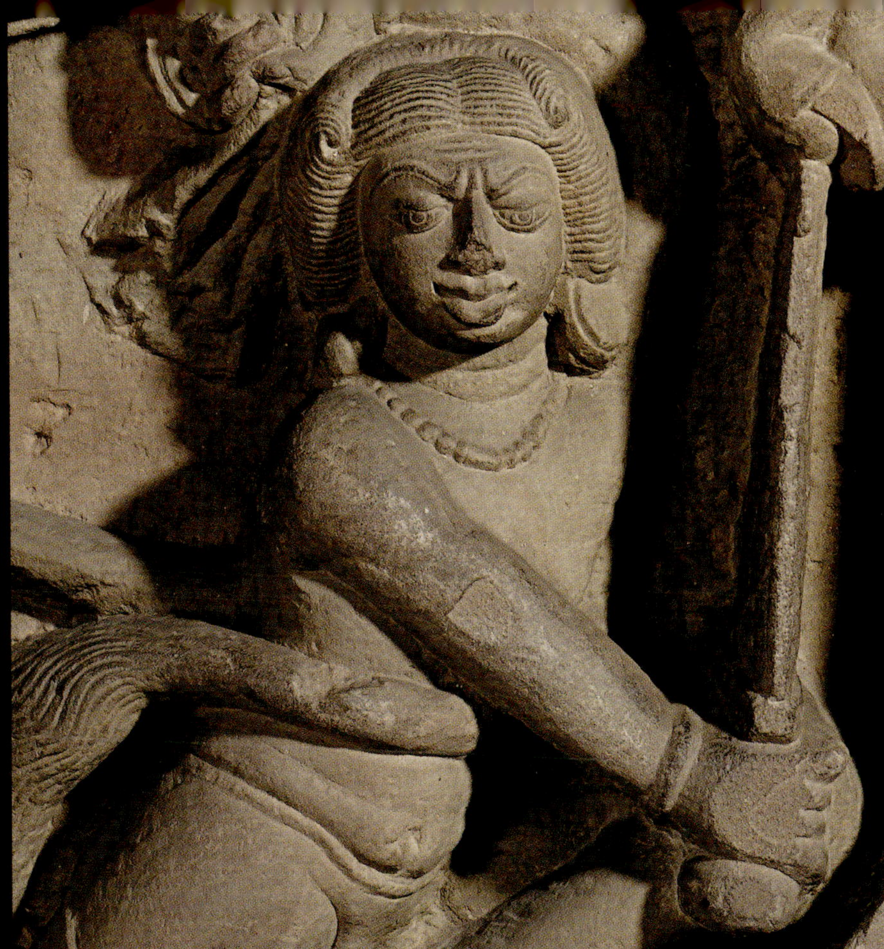

▼ **Pierre de parement sculptée**
VIe siècle
Grès de Chunâr
Sârnâth (Vârânasî), Uttar Pradesh
Archaeological Museum (ASI), Sârnâth

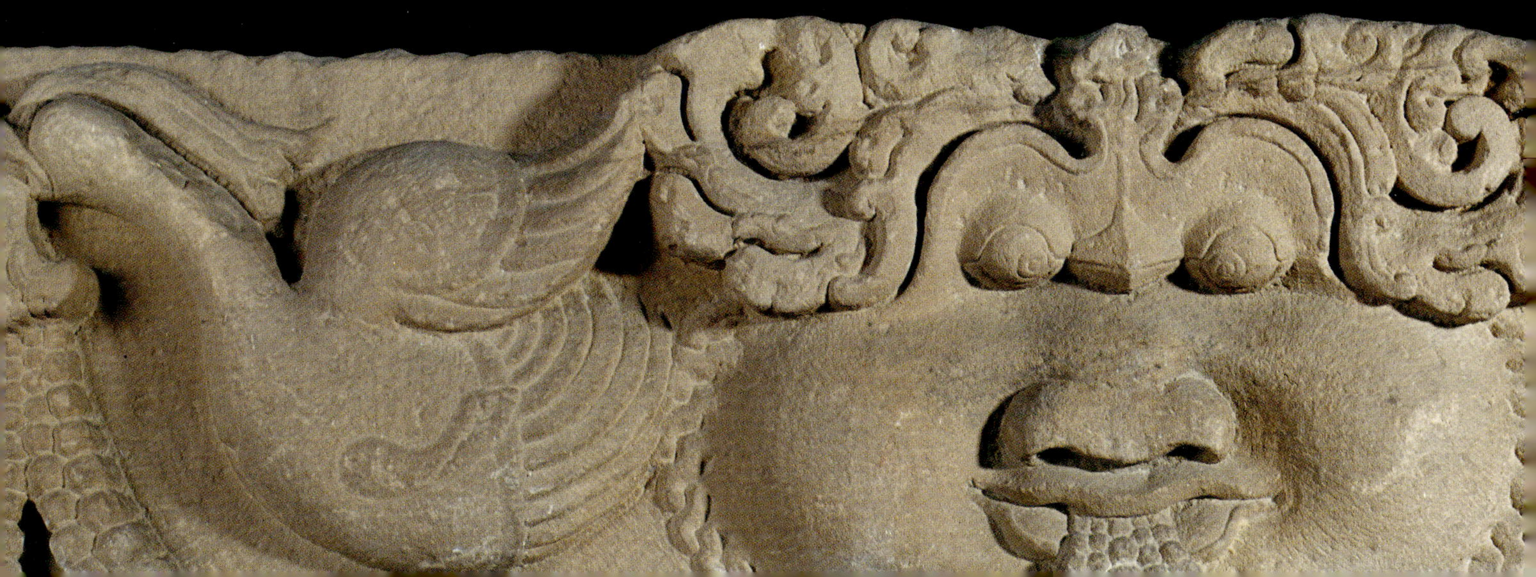

L'art de la terre cuite

Participant souvent du décor des temples en brique, les terres cuites gupta se caractérisent par leur fraîcheur d'inspiration et leur verve narrative. Elles illustrent une veine bien souvent profane, laquelle emprunte ses thèmes au registre complexe de la mythologie ou à celui, non moins sophistiqué, du théâtre. Elles offrent ainsi un éblouissant contrepoint au hiératisme et à la grandeur de l'art lapidaire.

Objets miniatures ou images de grande taille, les terres cuites étaient réalisées par des « sculpteurs de glaise », les *pustakara*, puis peintes et dorées, en partie ou en totalité. La multiplicité des techniques d'exécution – modelage, moulage, estampage, gravure, application –, souvent mises en œuvre concurremment les unes aux autres, a permis aux artistes de décliner avec une infinie variété les sujets les plus divers. Attachantes dans leur relative simplicité, les terres cuites participent parfois d'un art populaire et offrent de l'époque qui les a vu naître une image de spontanéité inattendue.

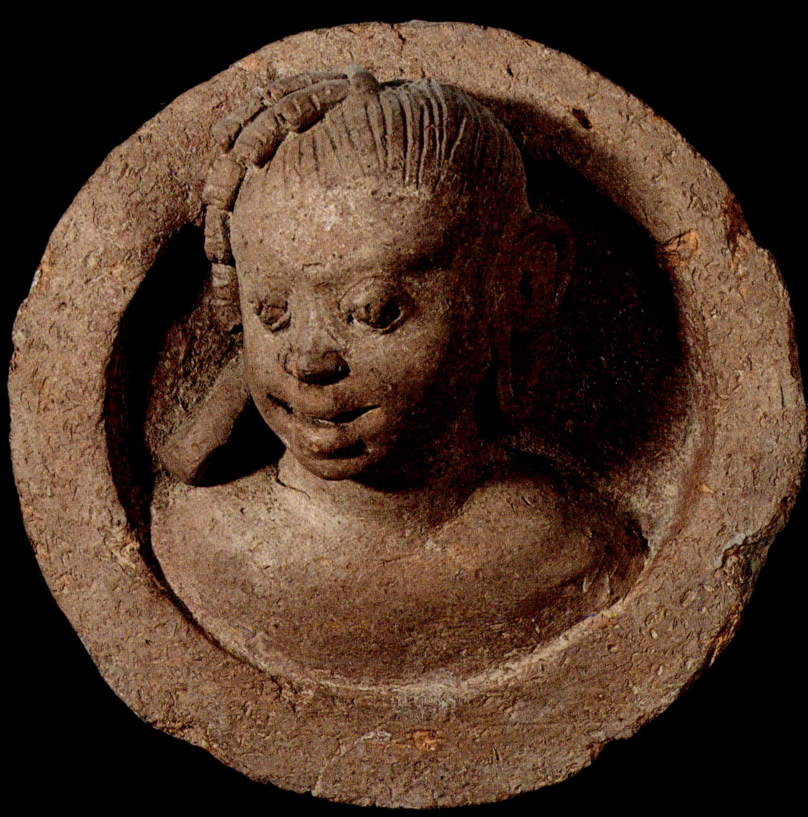

► **Skanda**
Vᵉ siècle
Terre cuite
Mathurâ, Uttar Pradesh
Government Museum, Mathurā

◄ **Jeune femme regardant à la dérobée**
Vᵉ siècle
Terre cuite
Bhîtargâon, Uttar Pradesh
State Museum, Lucknow

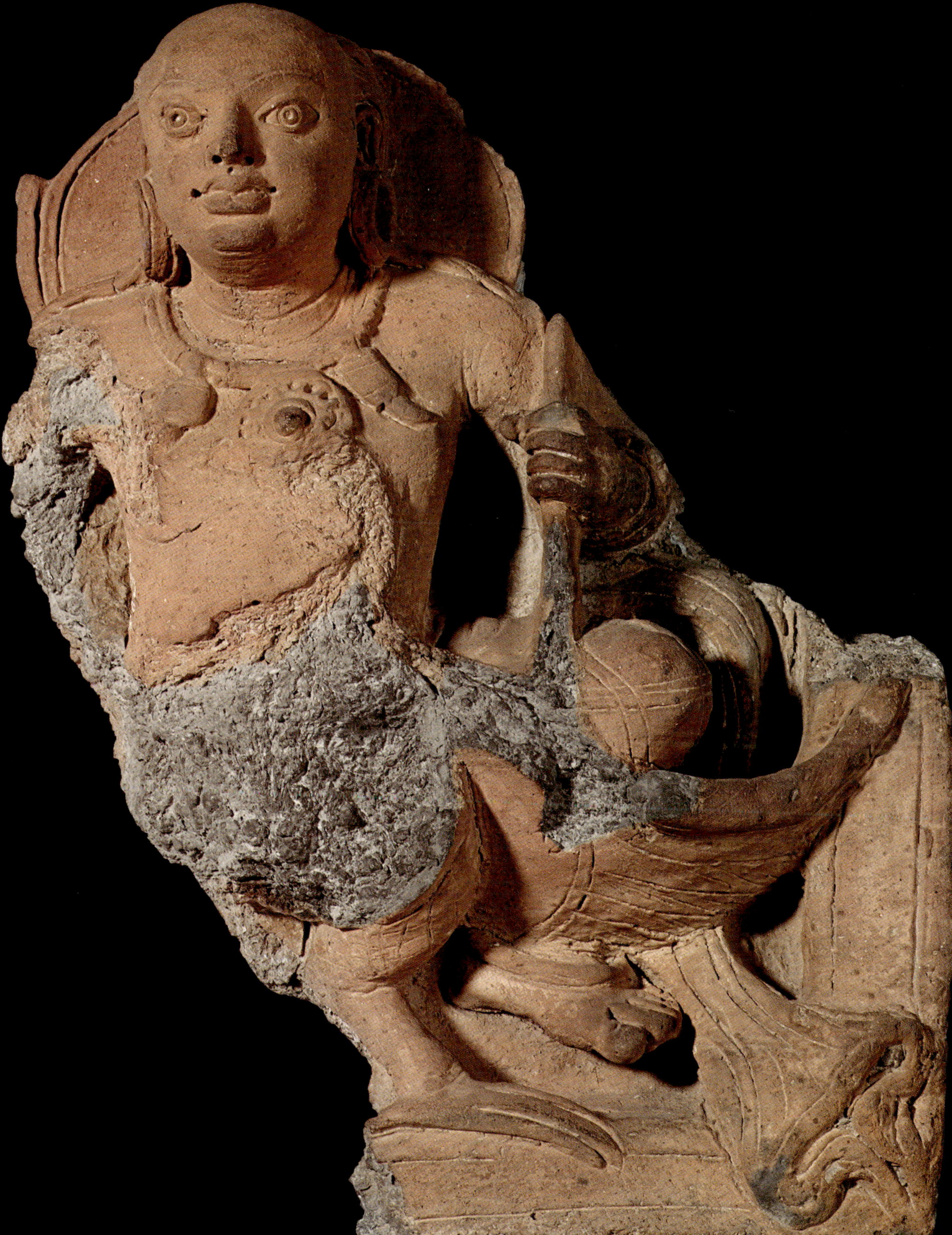

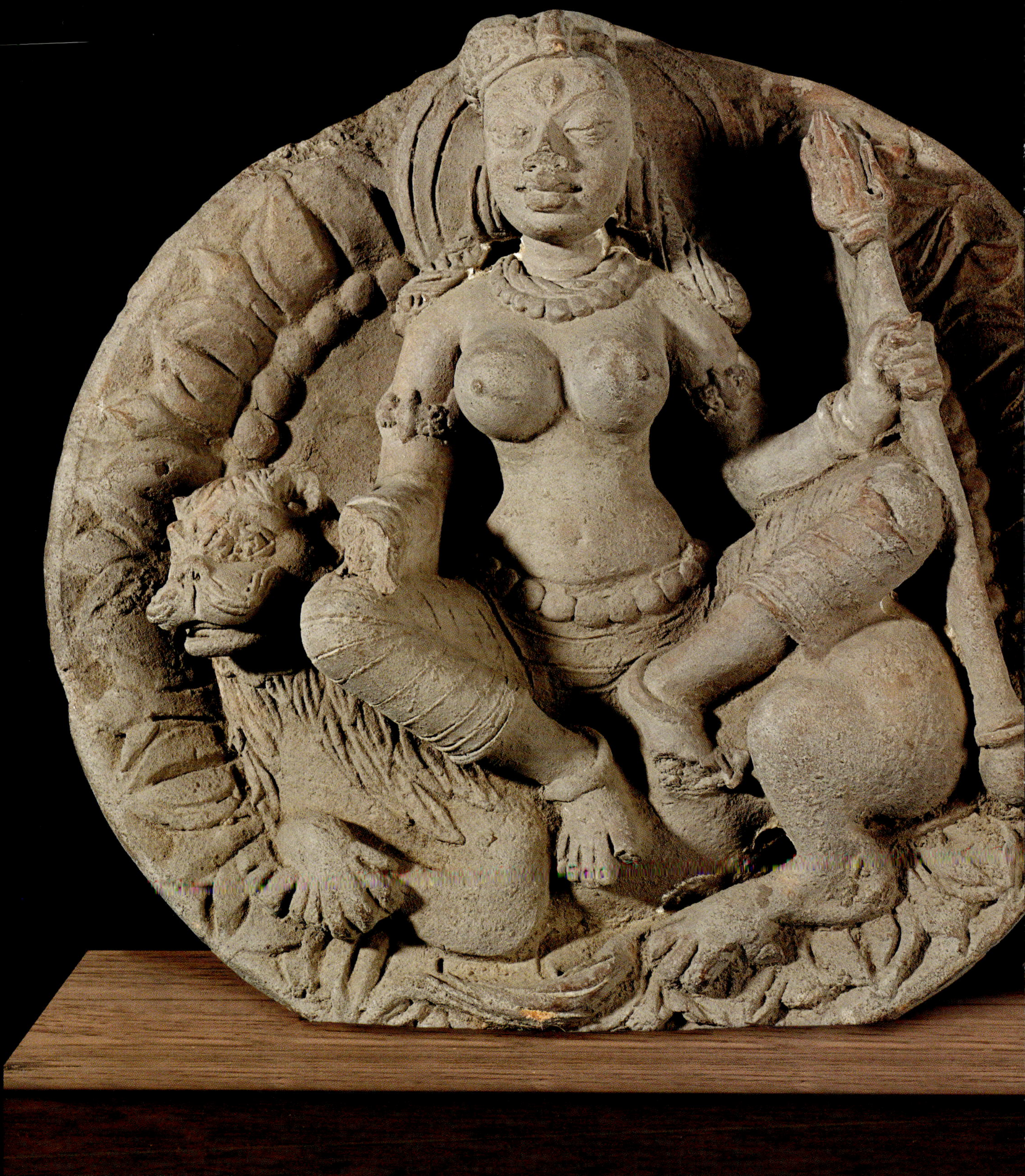

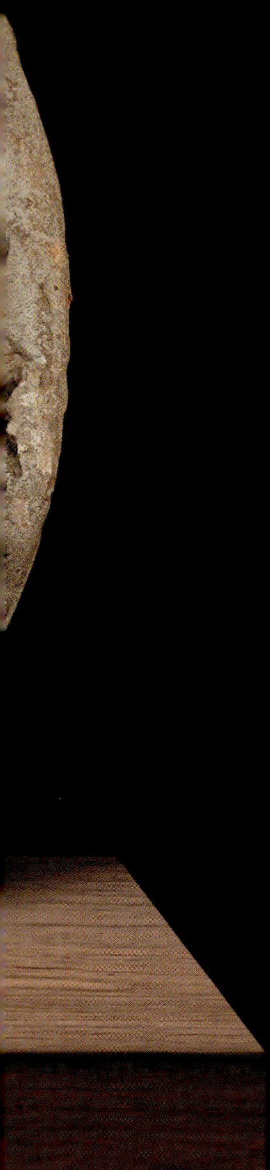

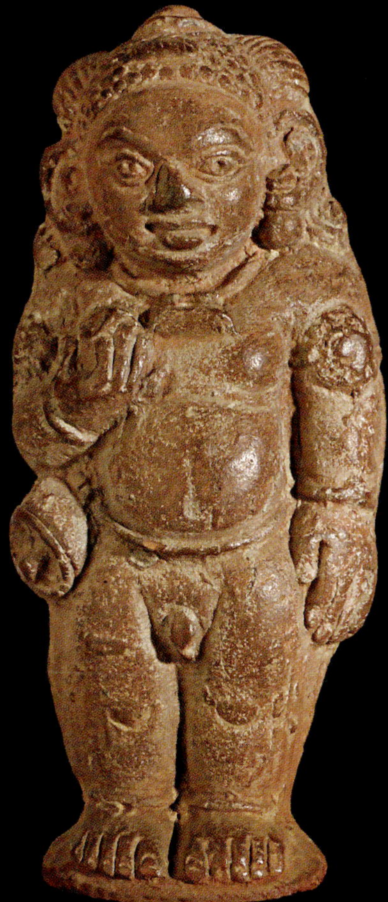

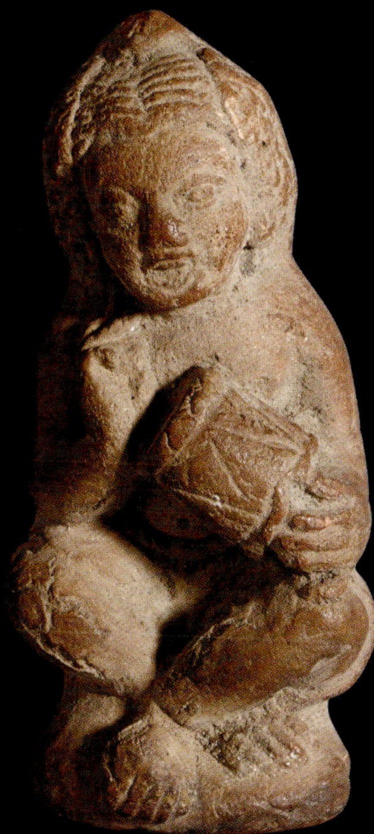

▲ **Jeune garçon nu**

Ve siècle
Terre cuite

Râjghât, Vârânasî,
Uttar Pradesh
Bharat Kala Bhawan, Vârânasî

▲ **Joueur de tambour**

Ve siècle.
Terre cuite

Râjghât, Vârânasî,
Uttar Pradesh
Bharat Kala Bhawan, Vârânasî

◄ **Durgâ**

Ve siècle
Terre cuite

Shrâvastî, Uttar Pradesh
State Museum, Lucknow

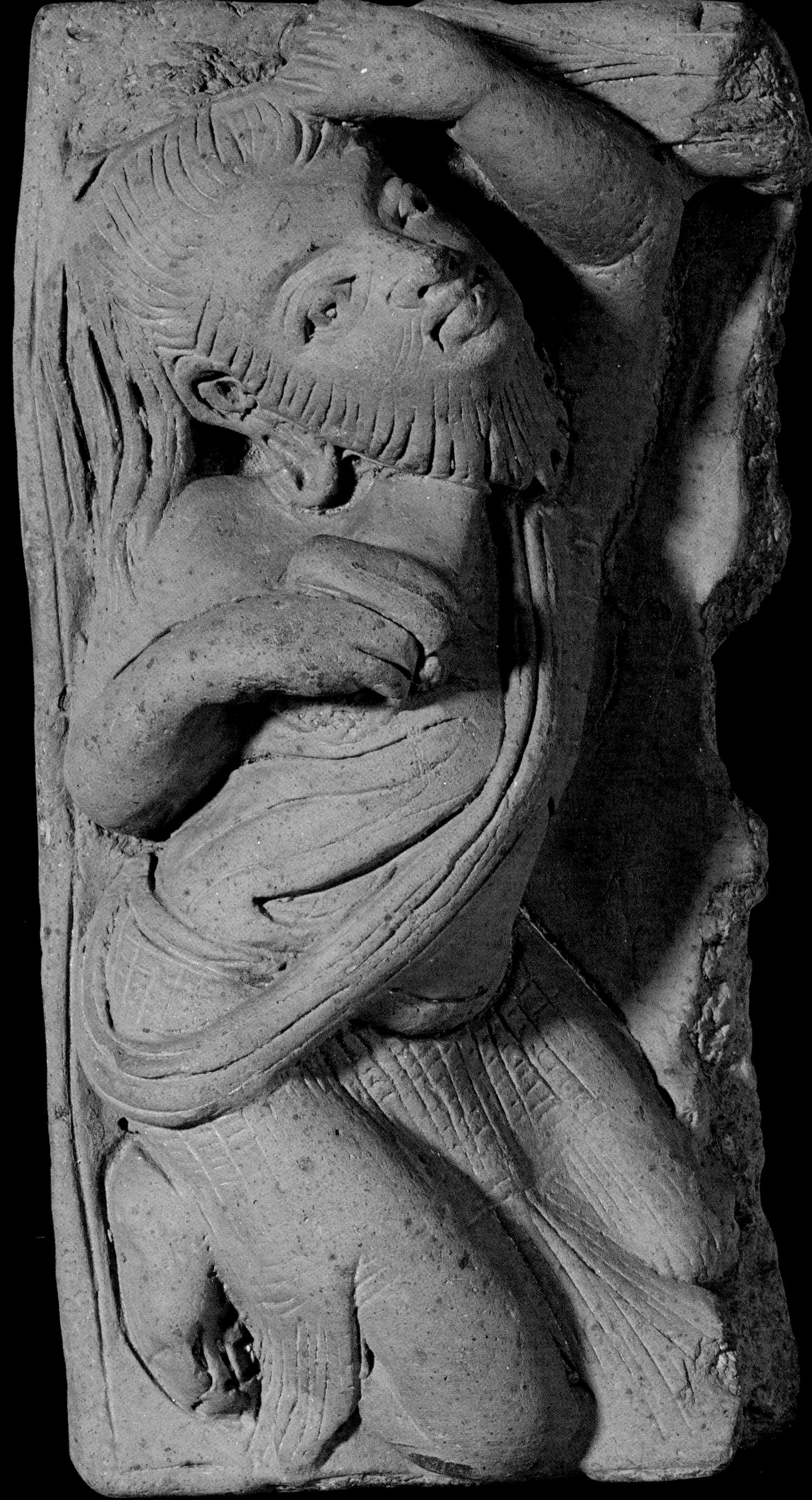

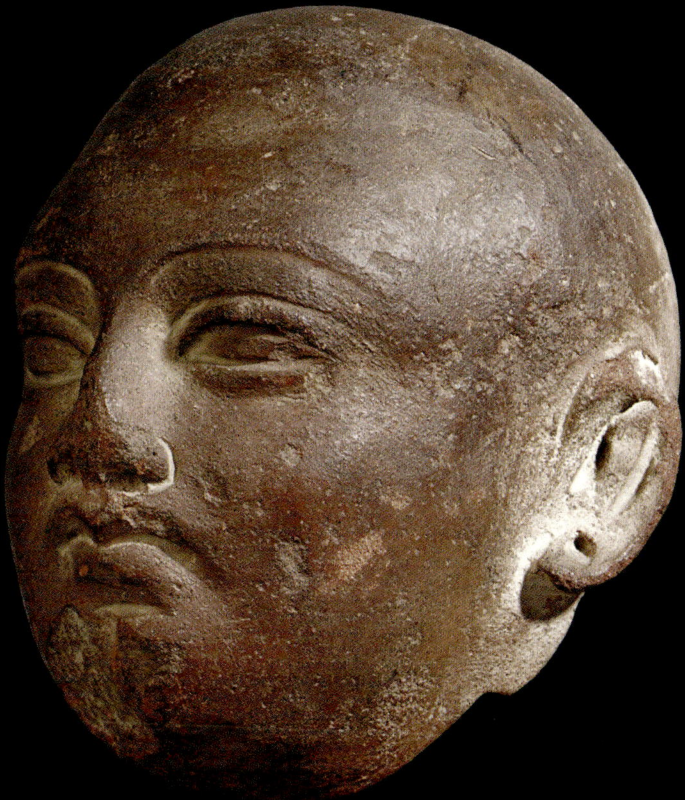

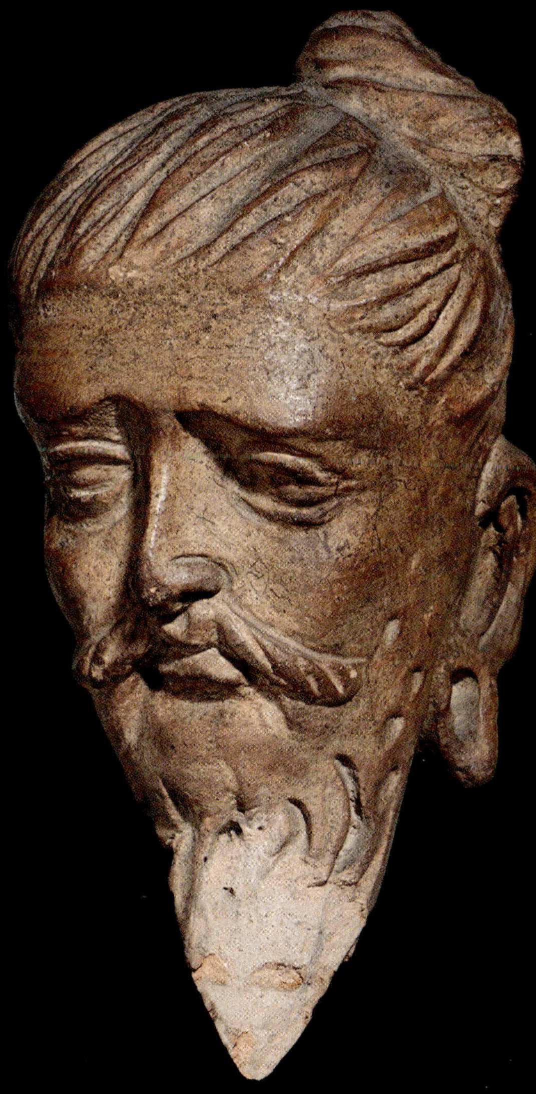

▲ **Tête de moine**
VIe siècle
Terre cuite
Akhnur, Jammu et Kashmîr
National Museum, New Delhi

► **Tête d'ascète**
VIe siècle
Terre cuite
Akhnur, Jammu et Kashmîr
National Museum, New Delhi

◄ **Ascète se tranchant la gorge**
Ve siècle
Terre cuite
Mathurâ, Uttar Pradesh,
Government Museum, Mathurâ

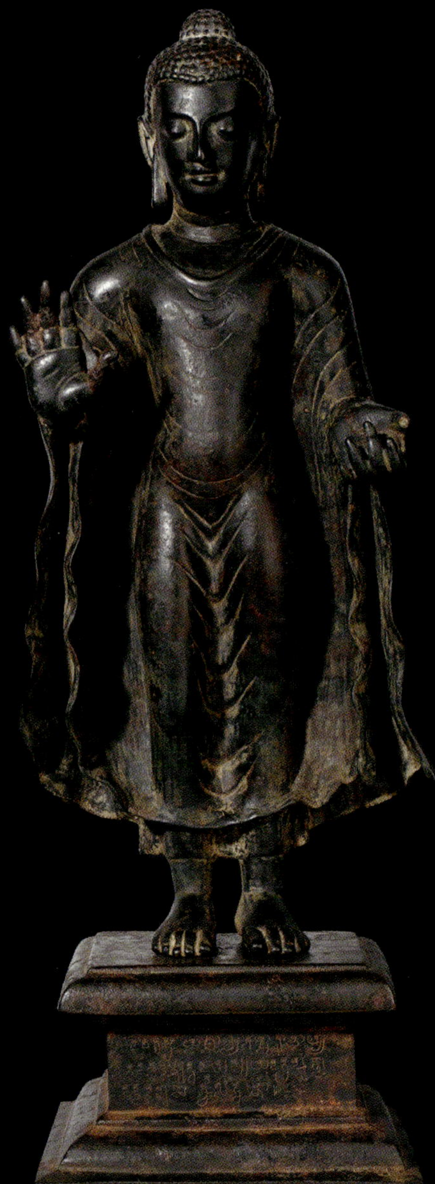

La statuaire métallique

La statuaire métallique d'époque gupta se compose principalement de pièces en alliage cuivreux. Réalisées en plein ou en creux selon la technique de fonte à cire perdue, les œuvres pouvaient être d'un seul tenant ou constituées d'éléments multiples, assemblés et rivetés les uns aux autres. Comme les sculptures en pierre, en bois – dont aucune ne nous est parvenue – ou en terre cuite, les bronzes étaient peints ou dorés. Les yeux de certaines images pouvaient être sertis de métal précieux et incrustés de pierres fines. Si les plus grandes sculptures jouaient le même rôle que les œuvres en pierre au sein des sanctuaires, les images de petites dimensions étaient souvent de nature votive.

Compte tenu de la rareté des bronzes gupta parvenus jusqu'à nous, les statuettes de la cache de Phophnar Kala sont exceptionnelles. Elles révèlent l'influence exercée par l'art gupta sur les créations du royaume voisin et contemporain des Vâkâtaka.

◄ **Buddha**
Gupta-Vâkâtaka, fin du Ve siècle
Bronze
Phophnar Kala, Madhya Pradesh
National Museum, New Delhi

► **Buddha**
Gupta-Vâkâtaka, fin du Ve siècle
Bronze
Phophnar Kala, Madhya Pradesh
National Museum, New Delhi

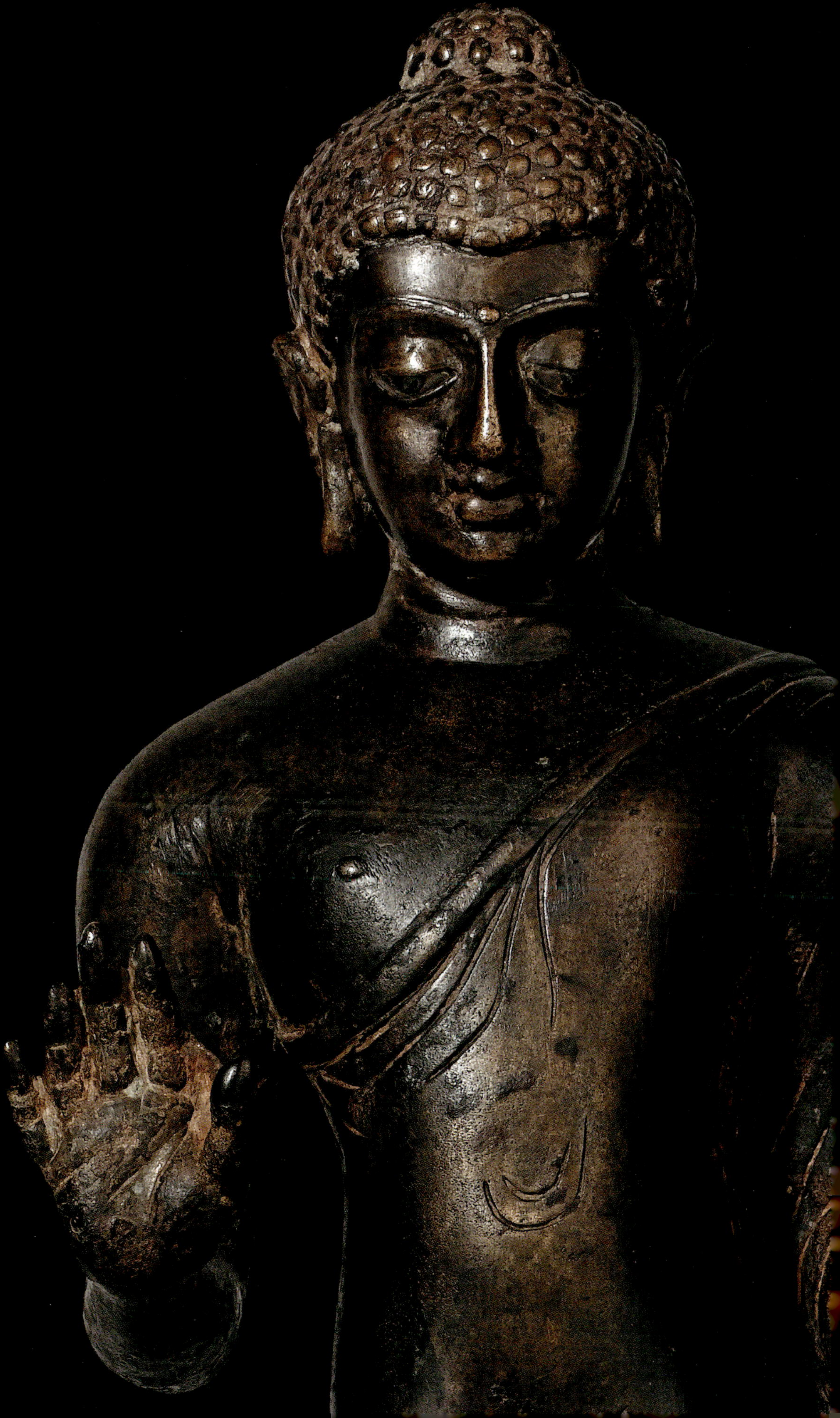

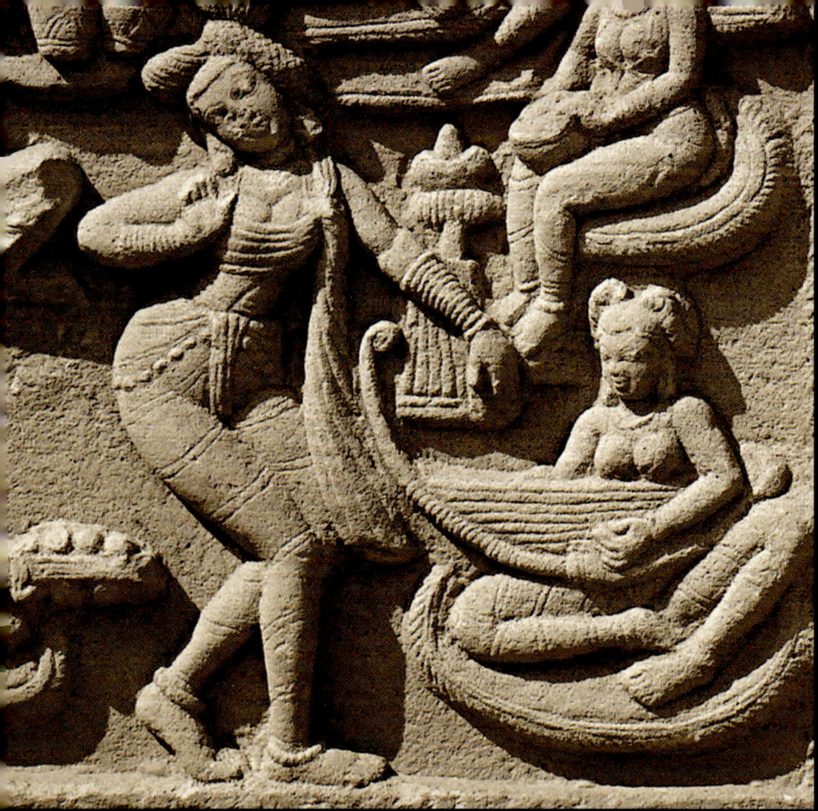

Linteau de *torana*

IVe – Ve siècle

Grès

Pawâyâ, Madhya Pradesh

Gujari Mahal Museum, Gwâlior

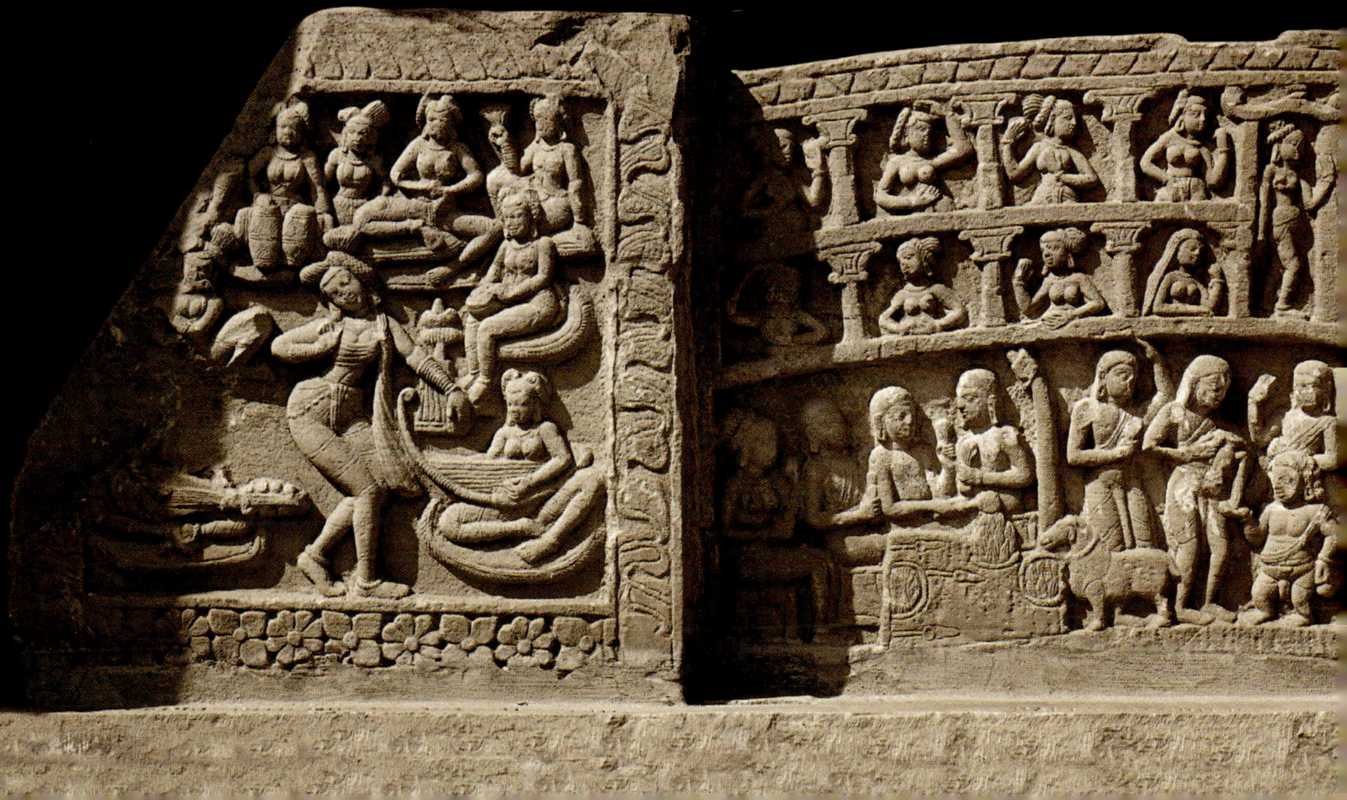

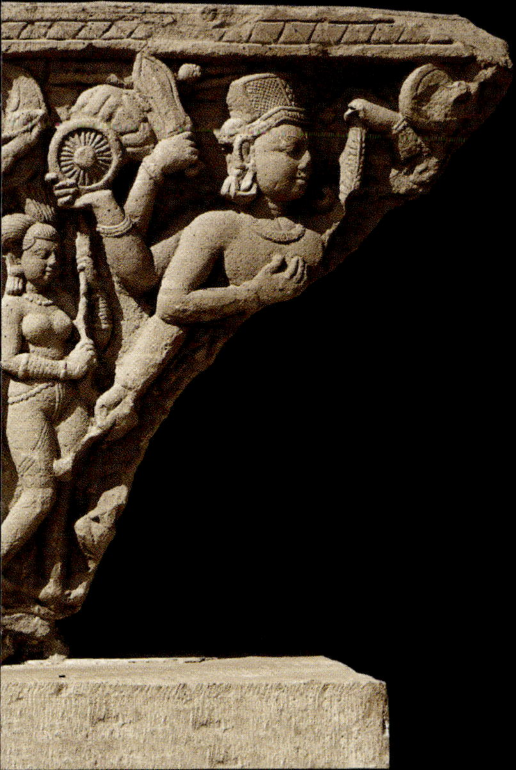

d'autres ne sont plus connus que par quelques vestiges majestueux (Pawâyâ, Khoh, Sondani).
Dès la fin du Ve siècle, avec les invasions des Huns Hephtalites, l'empire gupta est confronté à de graves problèmes et se trouve à la veille du déclin. La perte de cohésion politique de l'empire s'accompagne d'une diversification des courants artistiques.
Au VIe siècle, dans les régions du Gujarât et du Râjasthân, des tendances décoratives s'affirment, dont les œuvres de Mukundara et de Shâmalâjî témoignent avec élégance. Dans le même temps, au Bihâr, la voie s'ouvre vers les arts plus prosaïques et compassés de l'époque médiévale.

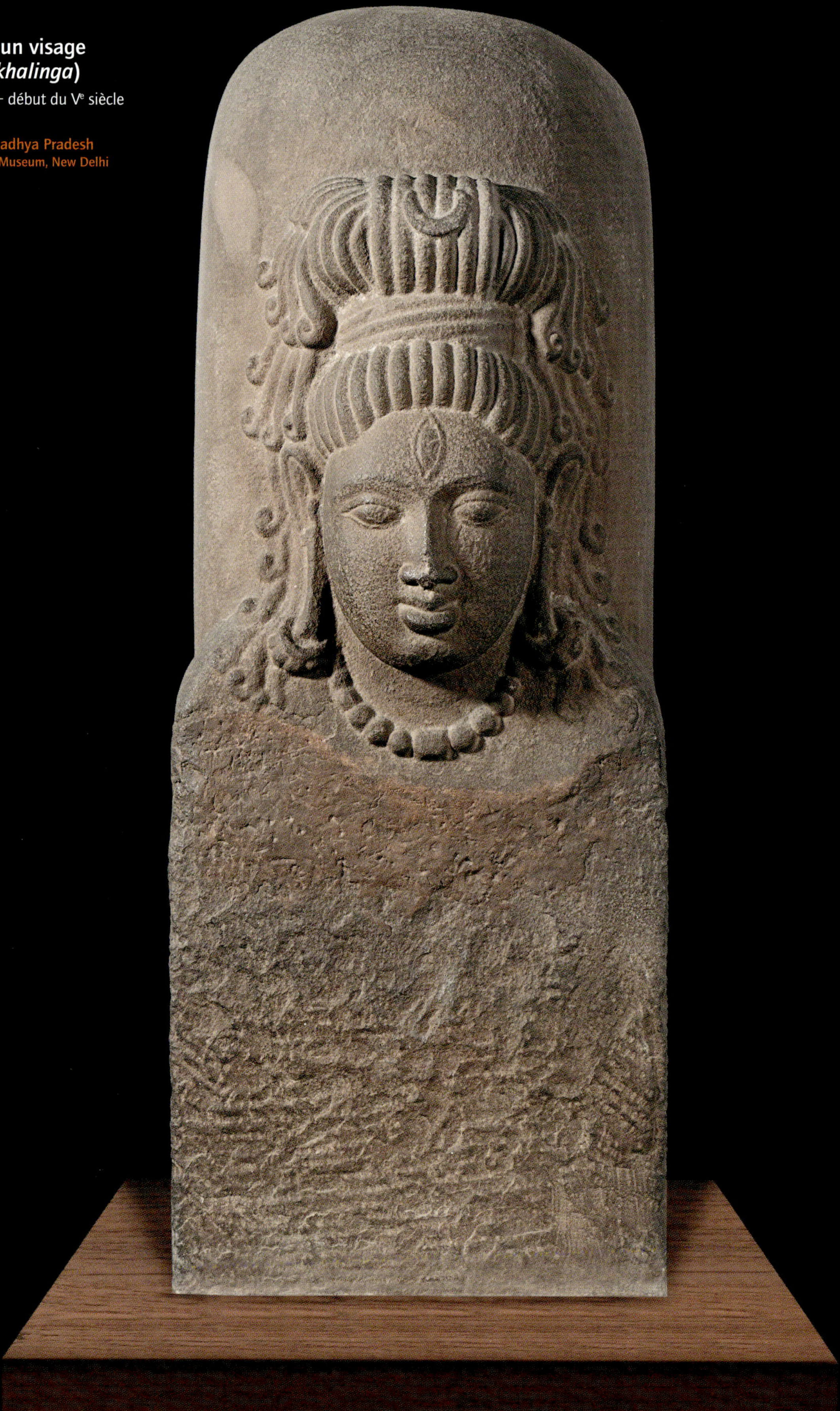

▸ *Linga* à un visage (*ekamukhalinga*)

Fin du IVe – début du Ve siècle
Grès

Khoh, Madhya Pradesh
National Museum, New Delhi

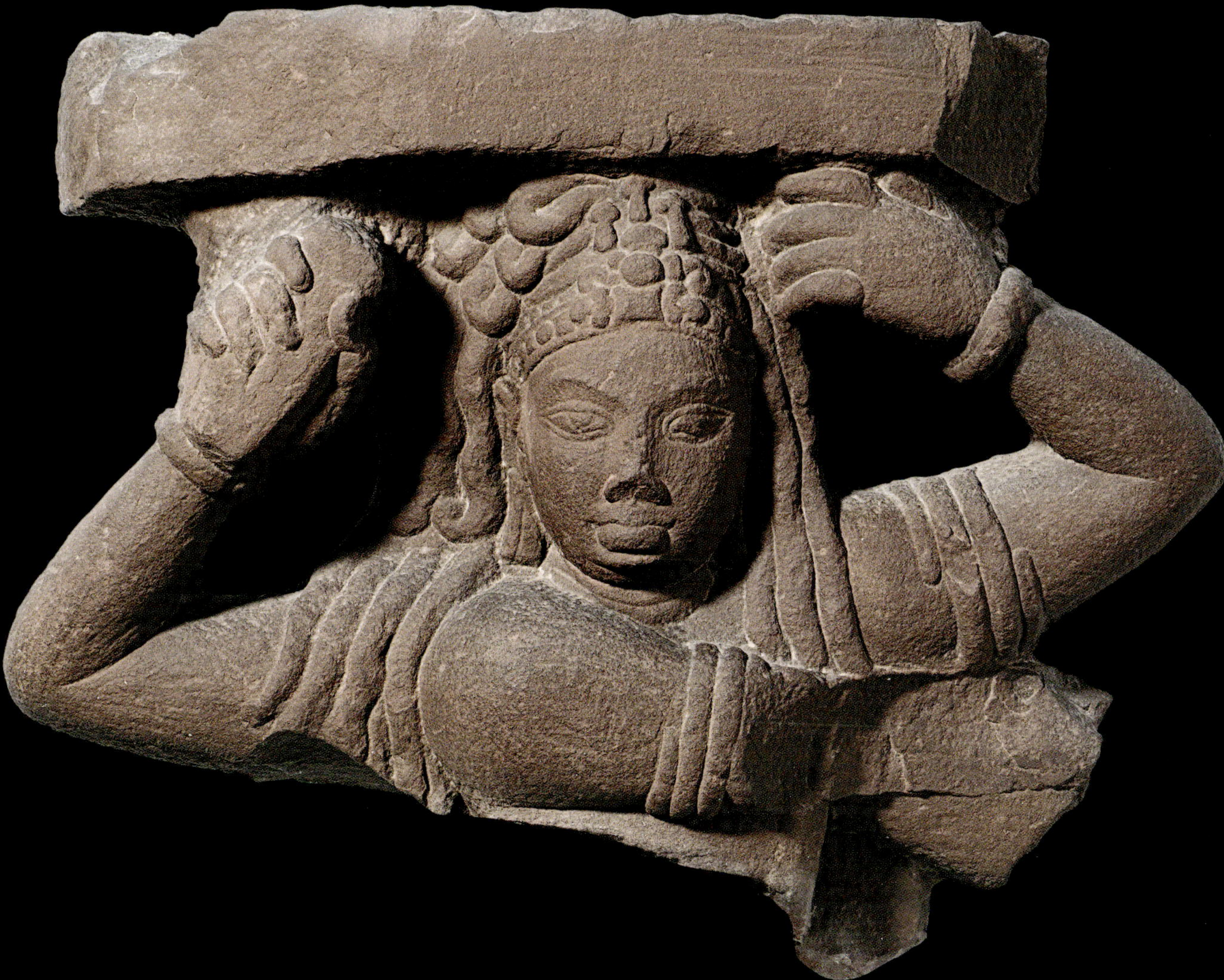

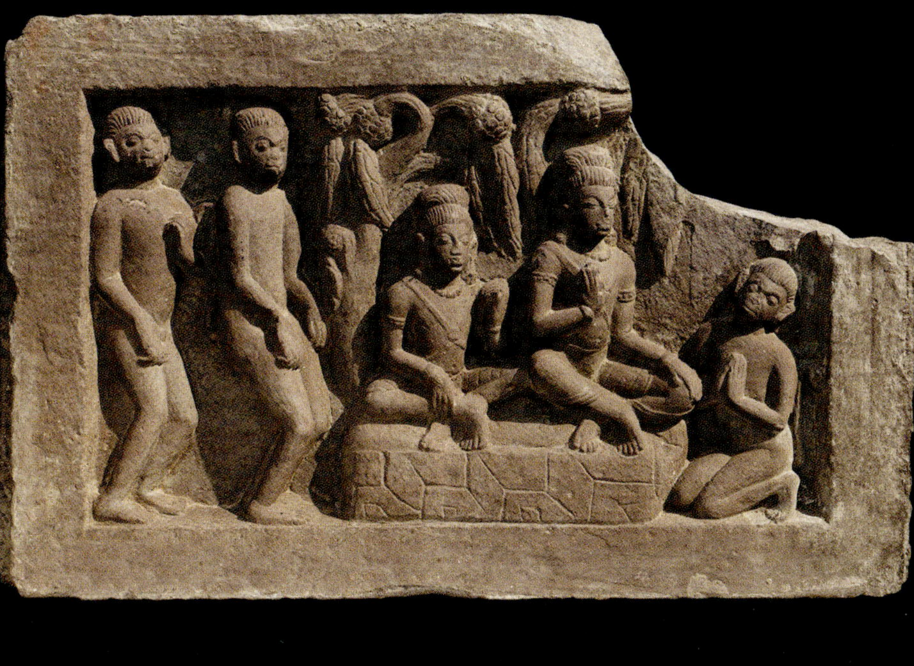

▲ **Natesha**

Ve siècle
Grès

Nâchnâ Kutharâ,
Madhya Pradesh
National Museum, New Delhi

◄ **Épisode du *Râmâyana* : Râma, Lakshmana et Hanumân.**

Fin du Ve siècle
Grès

Nâchnâ Kutharâ,
Madhya Pradesh
Archaeological Collections (ASI),
Nâchnâ Kutharâ

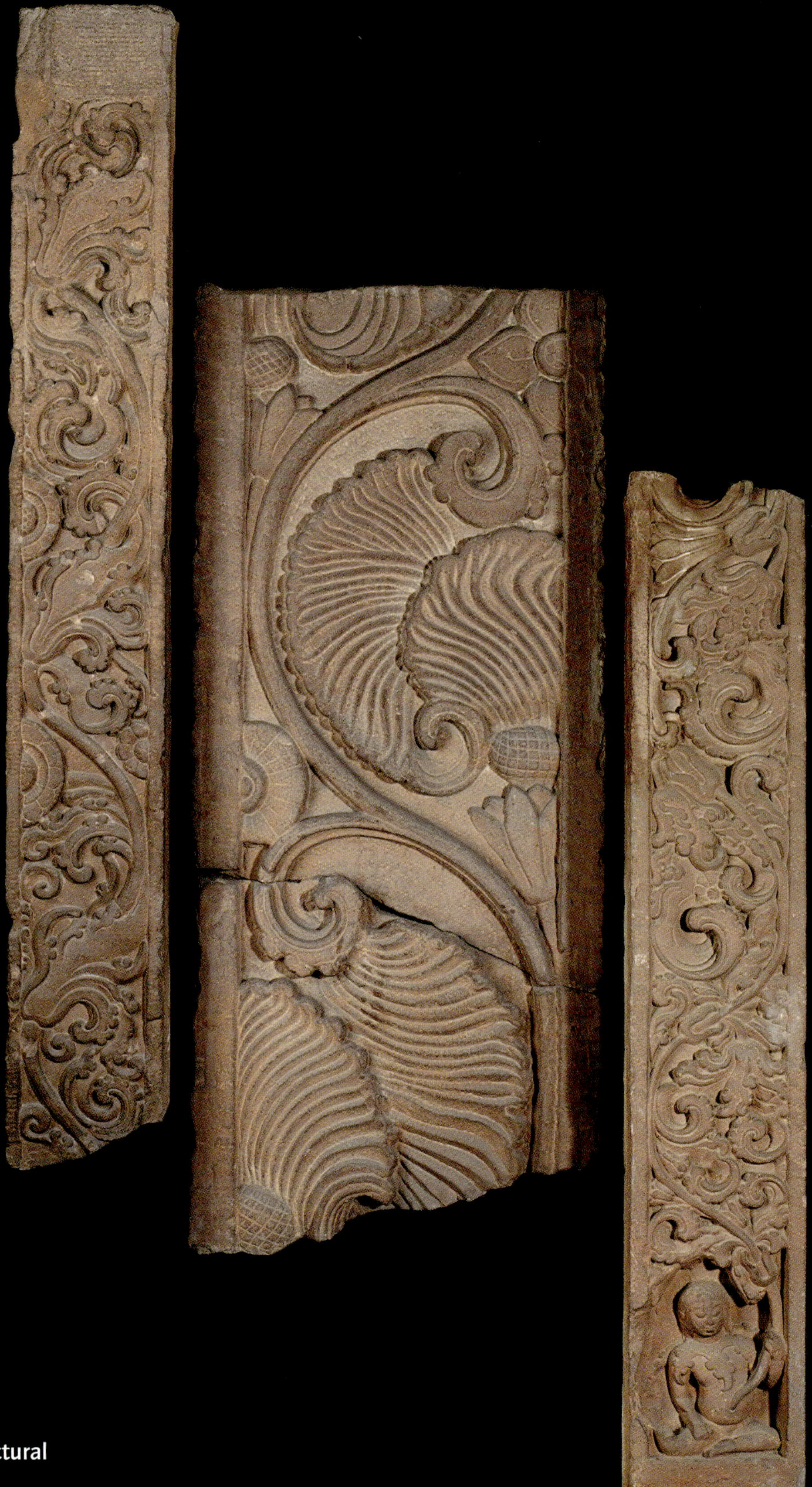

▲ **Trois fragments de décor architectural**

Ve – VIe siècle

Grès

Bhumârâ, Madhya Pradesh

Indian Museum, Kolkata

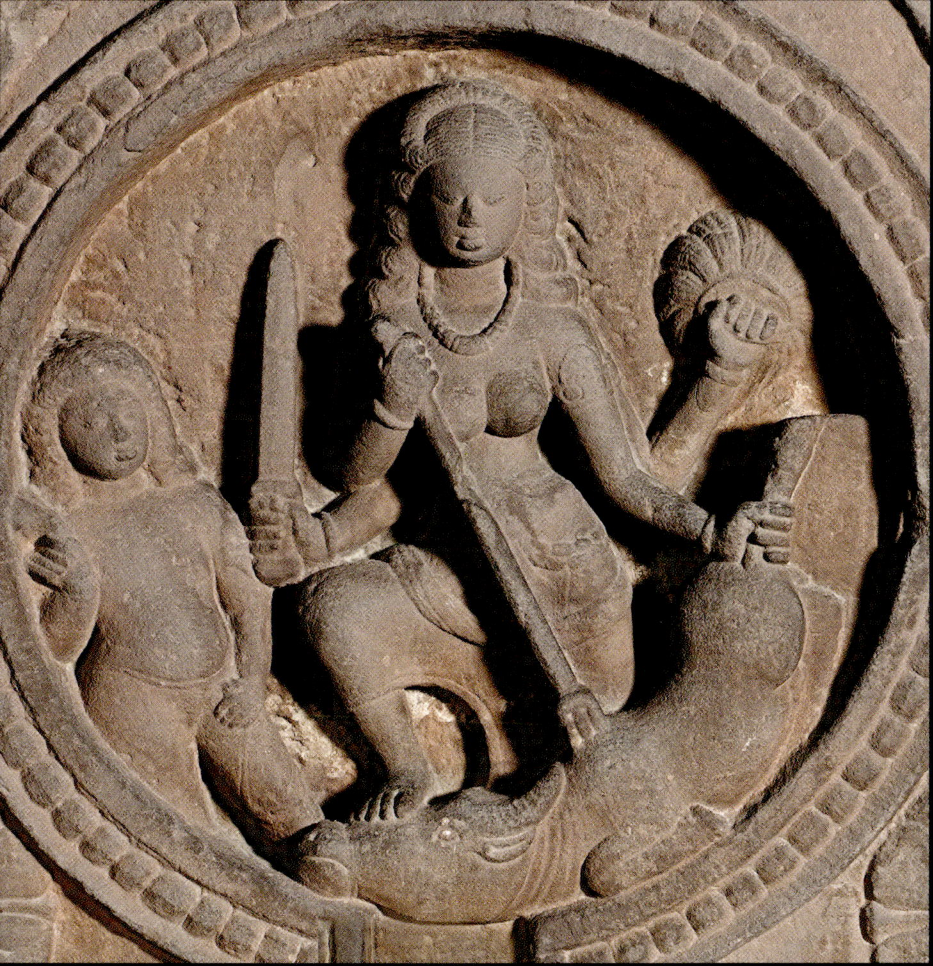

◂ **Élément de décor architectural : Durgâ Mahishâsuramardinî au centre d'un *gavâksha***

V[e] – VIe siècle
Grès

Bhumârâ, Madhya Pradesh
Allahâbâd Museum, Allahâbâd

▾ **Élément de décor architectural : couple d'amoureux (*mithuna*), danseuse et musiciennes**

VIe siècle
Grès

Deogarh, Uttar Pradesh
National Museum, New Delhi

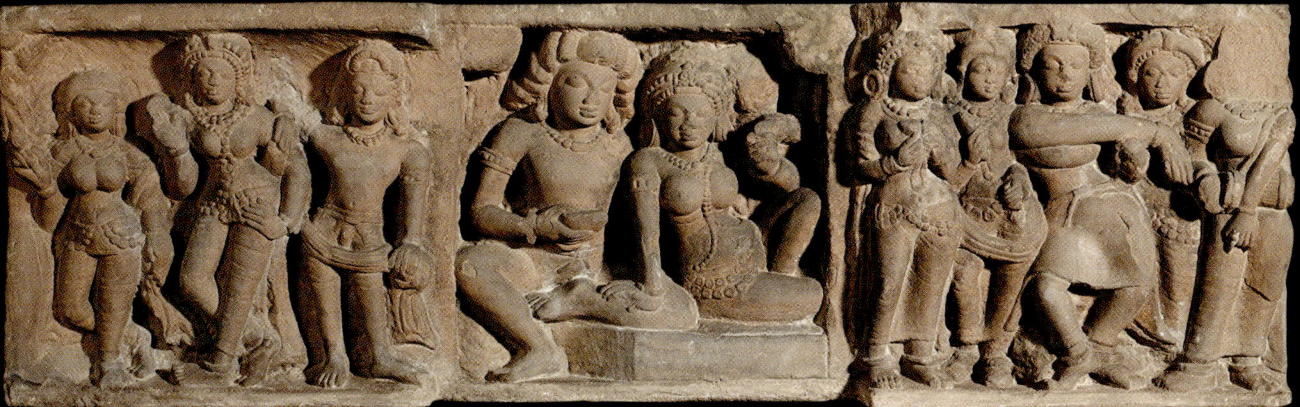

► **Pilier sculpté. Scènes du *Mahâbhârata* : Arjuna recevant l'arme Pâshupata**

Ve – VIe siècle
Basalte

Râjaona, Bihâr
Indian Museum, Kolkata

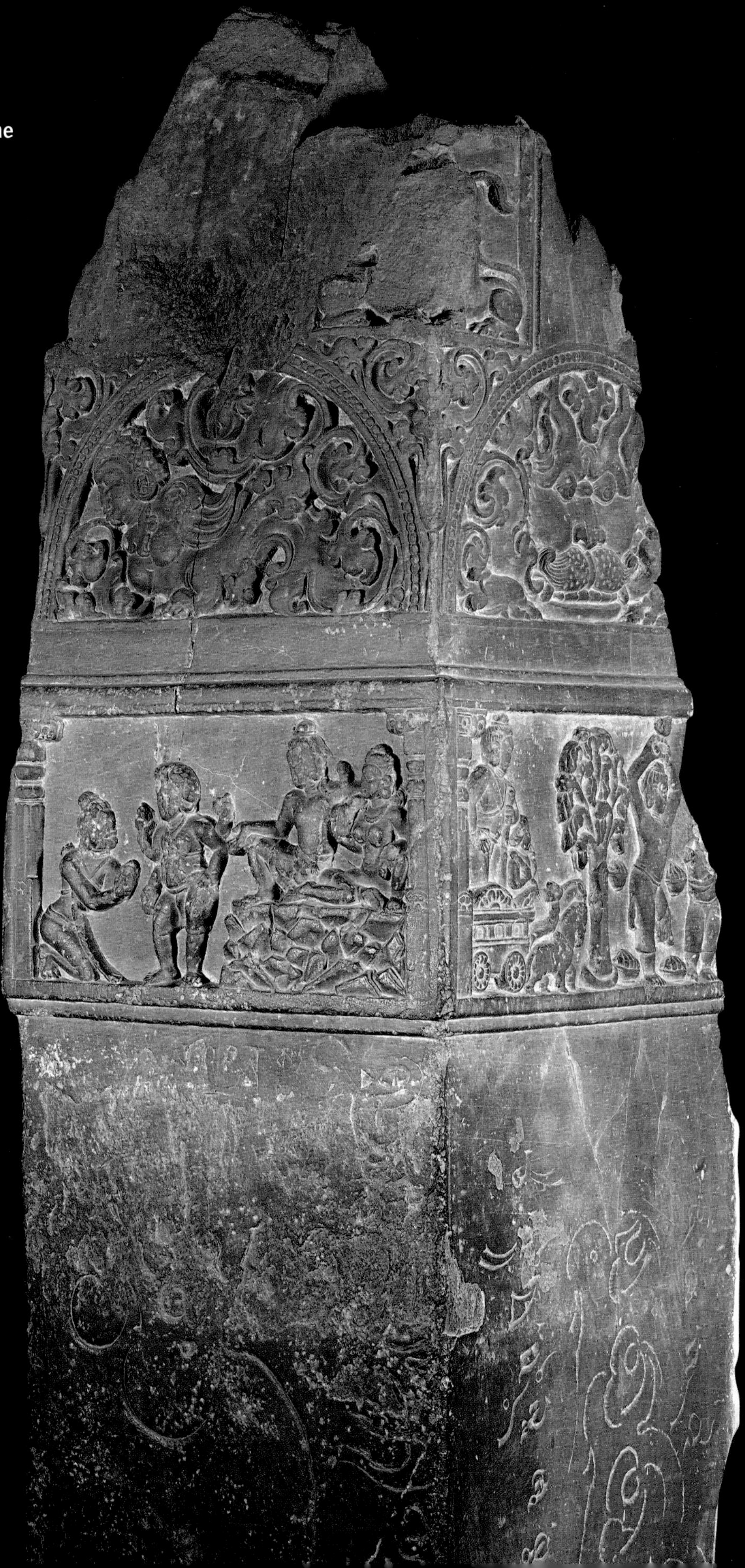

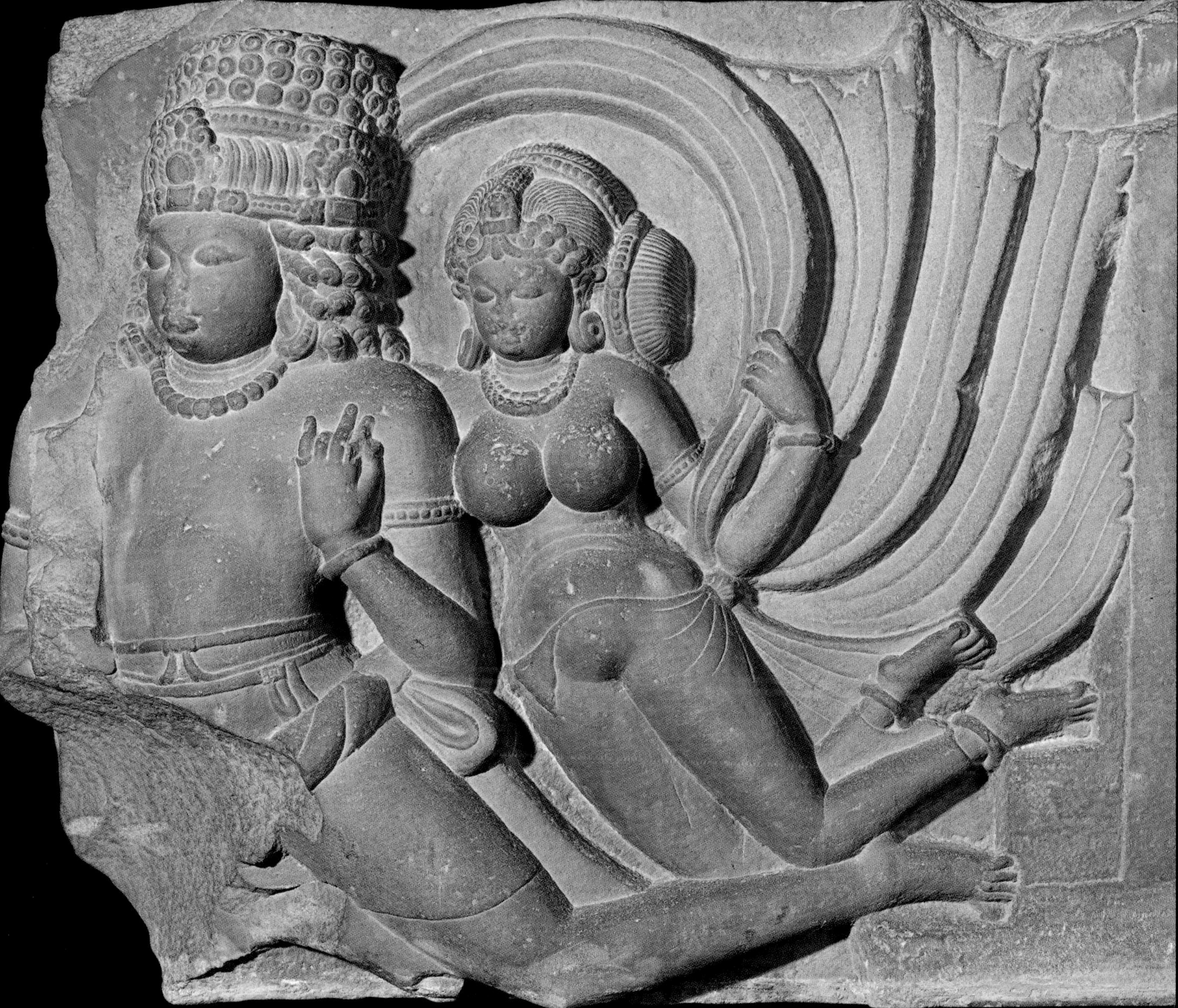

▲ **Élément de décor architectural : couple de *vidyâdhara***

Art maitraka, VIe siècle
Grès

Sondani, près de Mandasor,
Madhya Pradesh
National Museum, New Delhi

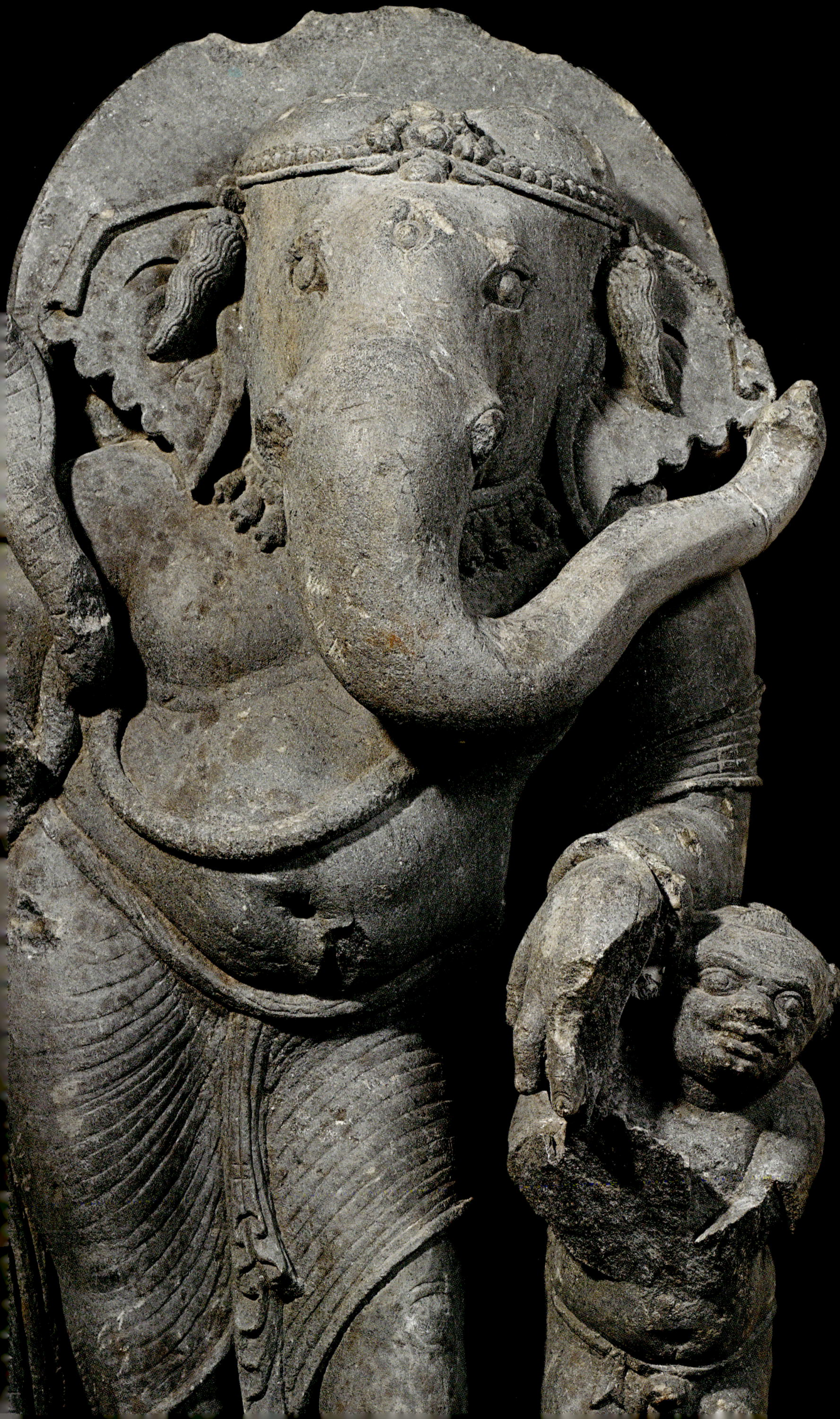

◂ **Ganesha**

VIe siècle
Schiste

Shâmalâjî, Gujarât
Museum and Picture Gallery, Vadodara

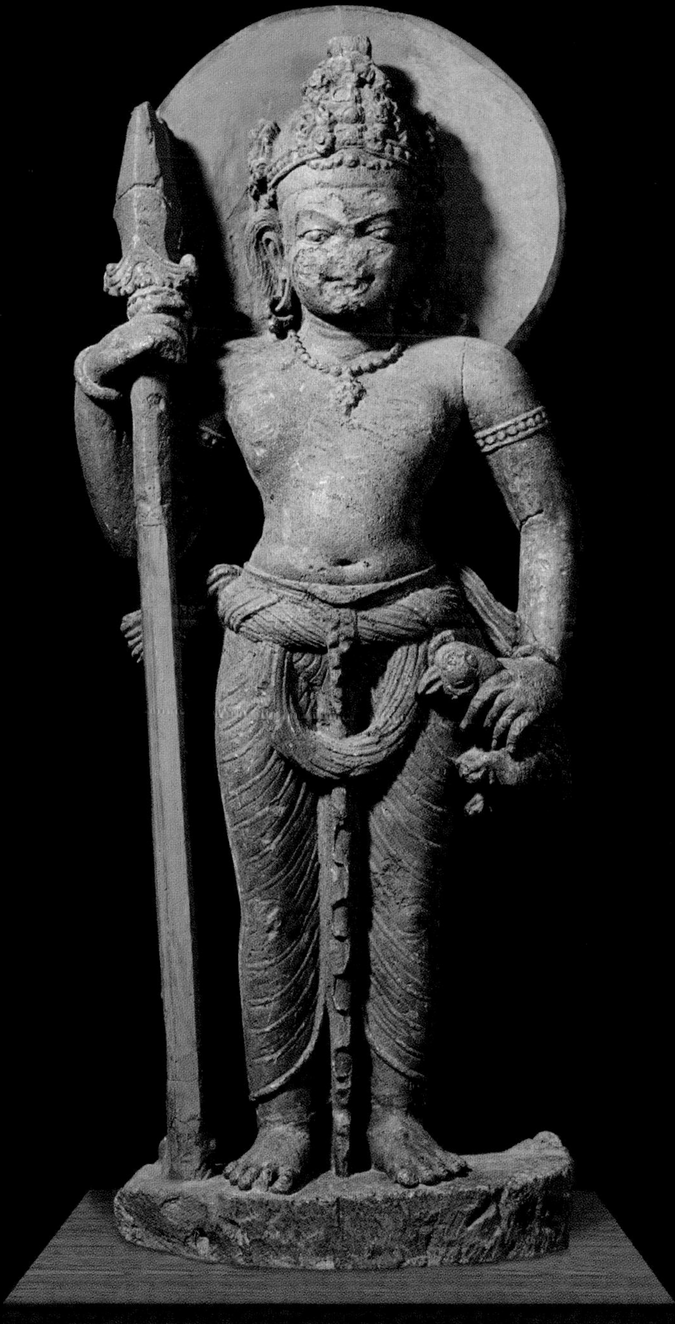

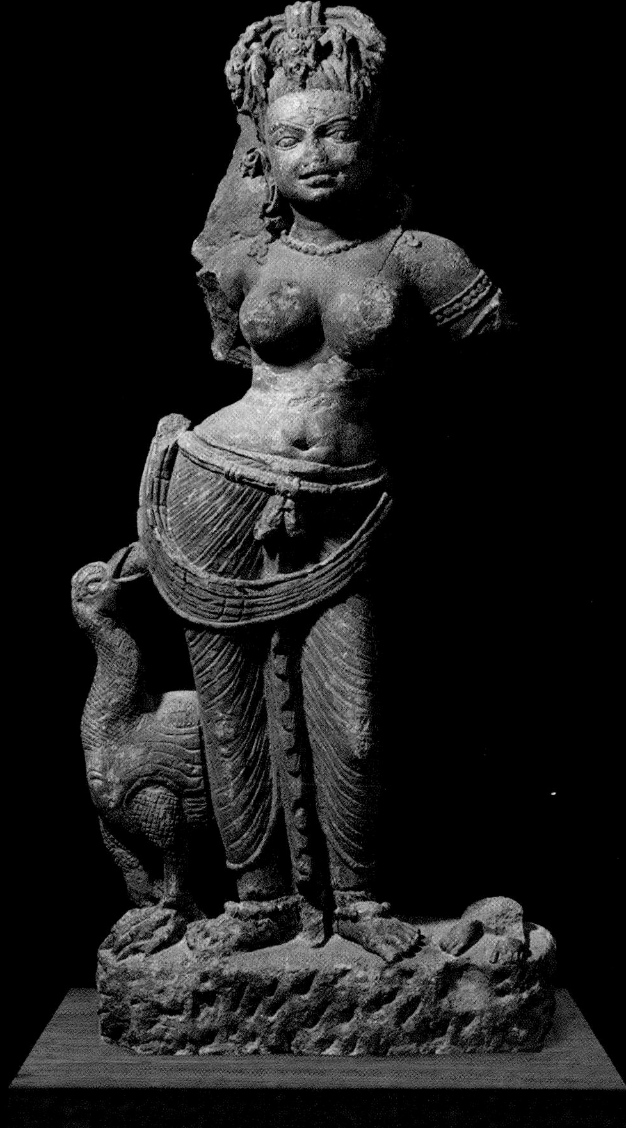

▲ **Kaumârî**
VIe siècle
Schiste

Shâmalâjî, Gujarât
Museum and Picture Gallery, Vadodara

◄ **Kumâra – Kârttikeya**
VIe siècle
Schiste

Shâmalâjî, Gujarât
Museum and Picture Gallery, Vadodara

Deogarh

Traditionnellement, les temples indiens se veulent la transcription dans le monde des hommes des palais célestes où résident les divinités et dont les traités religieux et normatifs fournissent des descriptions très précises.

Le temple de Deogarh, avec ses quatre templions aux angles de la terrasse sur laquelle se dresse encore sa tour sanctuaire principale, évoque ainsi le mont Meru de la cosmographie indienne – cette montagne cosmique, véritable *axis mundi*, si élevée qu'il fallut l'entourer de quatre montagnes contreforts pour en assurer la stabilité.

Dédié au dieu Vishnu et datant du VIe siècle, le temple est orné de trois hauts-reliefs monumentaux, qui comptent parmi les plus grands chefs-d'œuvre de la sculpture gupta.

Ci-contre

Vishnu Anantashayana

Face sud du temple.
Le sommeil de Vishnu est une image cosmogonique évoquant la création du monde.

Ci-dessous

Temple Dashâvatâra

Deogarh, Uttar Pradesh
VIe siècle
Grès

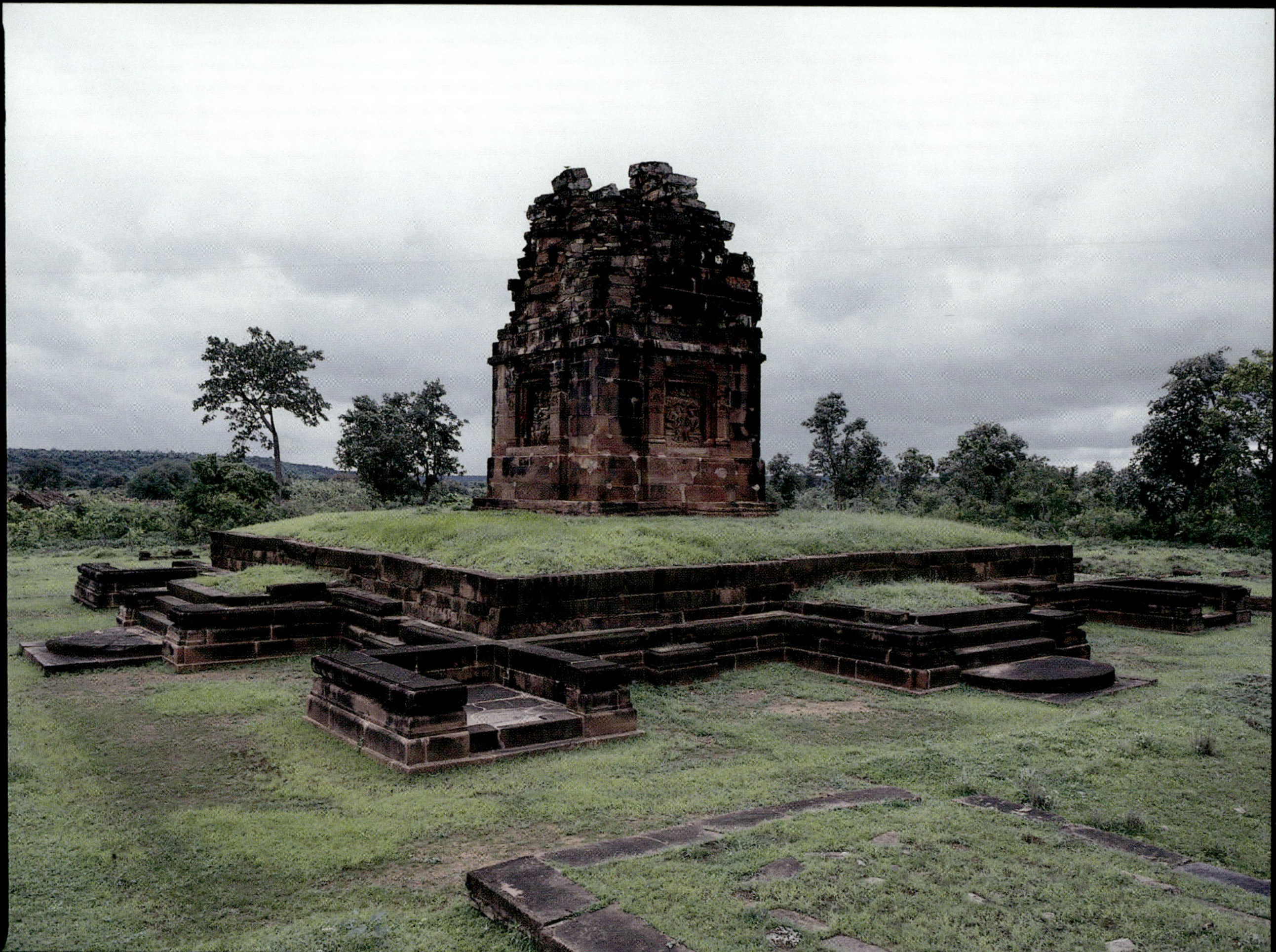

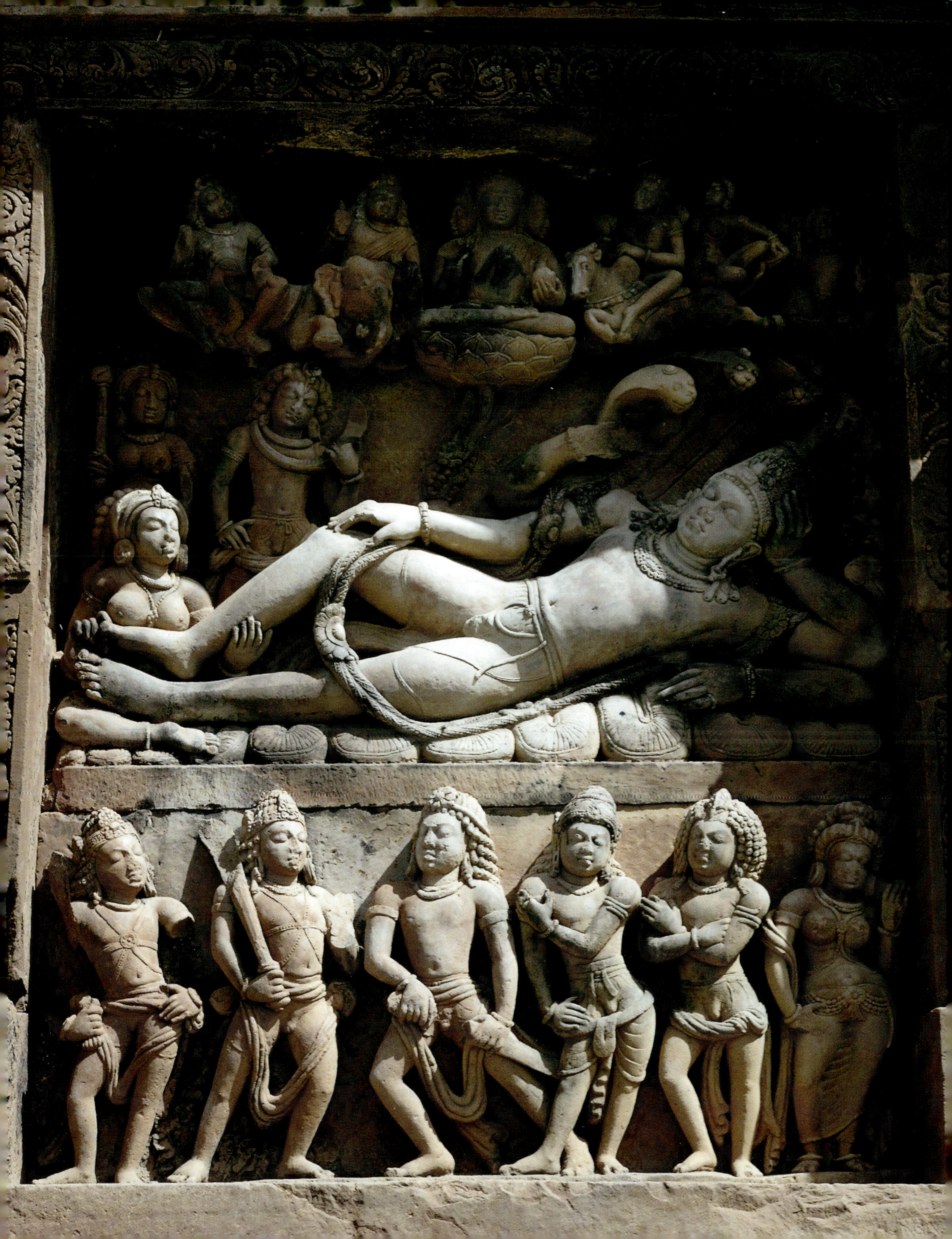

Ajantâ

Découvertes fortuitement en 1819 au cours d'une chasse au tigre organisée par des militaires de l'armée britannique, les quelque trente grottes bouddhiques du site d'Ajantâ abritent de remarquables ensembles picturaux. Occupé des environs du Ier siècle avant J.-C. jusqu'au VIIIe ou IXe siècle, le site comporte quatre sanctuaires (*chaitya*) et de nombreux monastères (*vihâra*), pour la plupart excavés aux Ve et VIe siècles, au temps où les Vâkâtaka régnaient sur une partie importante du Deccan, le vaste plateau occupant le centre de la péninsule indienne.
Miraculeusement préservées, les ambitieuses compositions murales d'Ajantâ restituent avec grâce l'image précise d'une Inde séculière, que seule la littérature profane permet d'appréhender. Ces peintures illustrent autant les thèmes narratifs chers au bouddhisme que la vie de cour raffinée de l'Inde classique, dont les œuvres du grand poète et dramaturge Kâlidâsa offrent un tableau à la fois réaliste et vivant.

Ci-contre

Couple princier sous un pavillon

Ajantâ, Mahârâshtra
Véranda de la grotte 17
Fin du Ve siècle

Ci-dessous

Divinités apparaissant au sein des nuées

Ajantâ, Mahârâshtra
Véranda de la grotte 17
Fin du Ve siècle

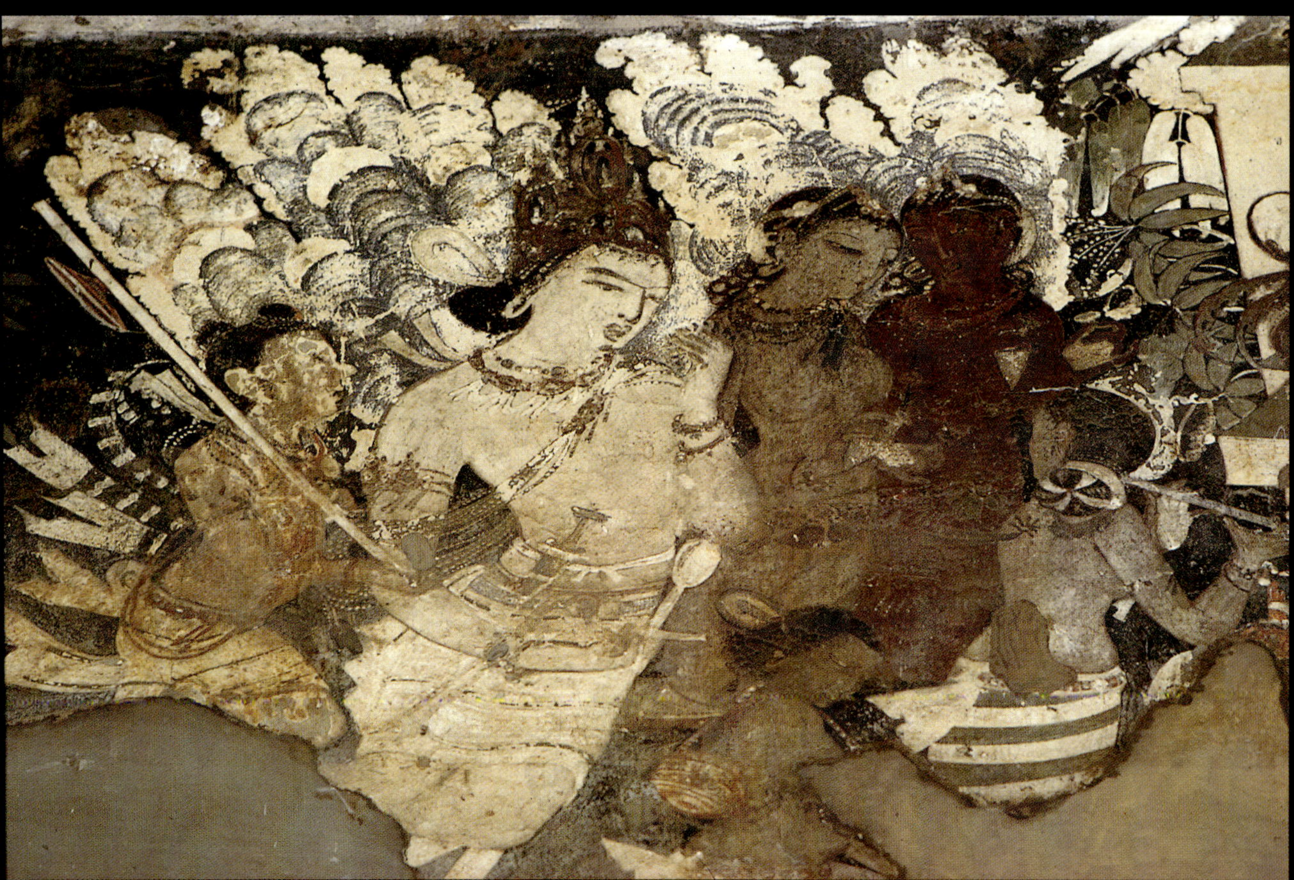

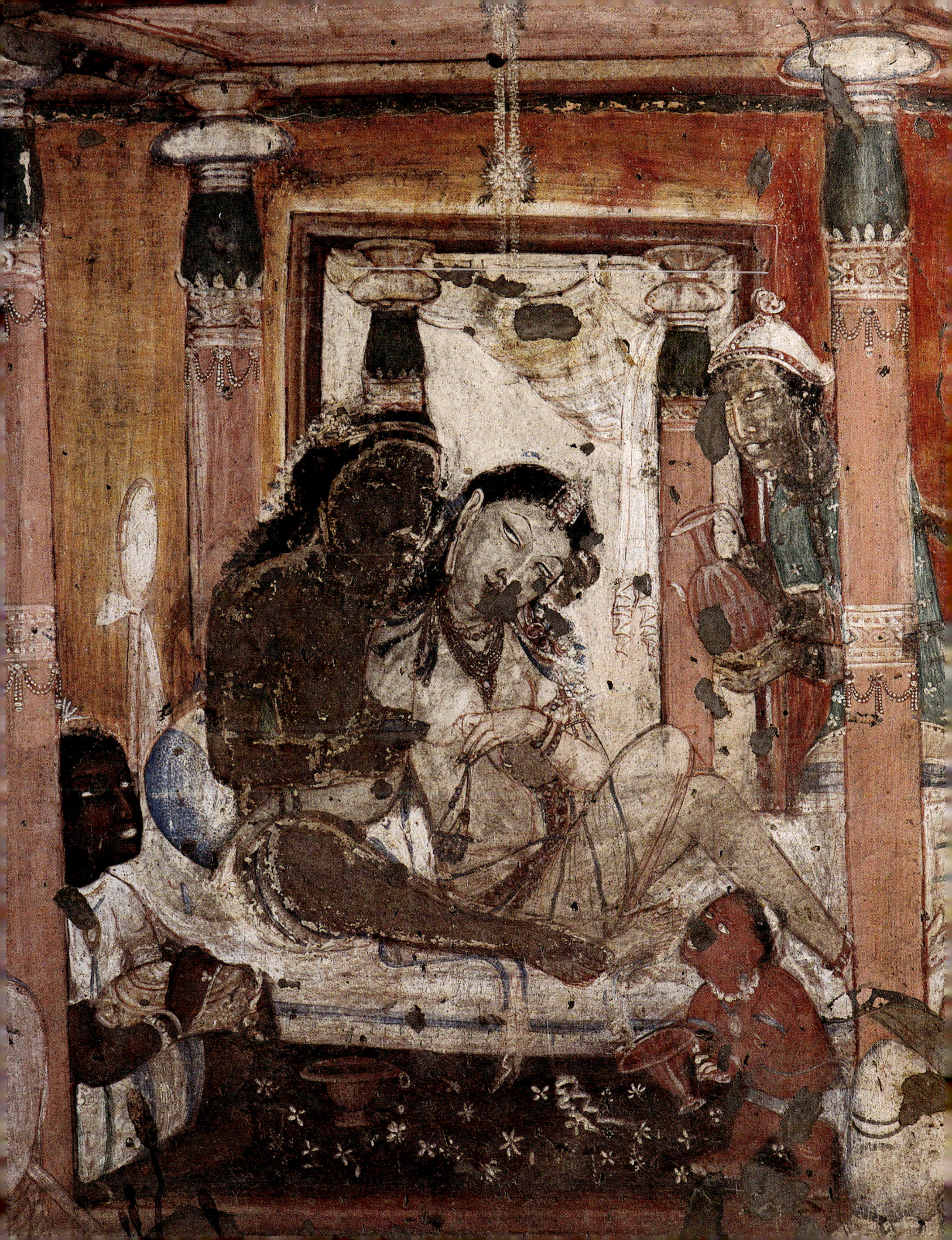

Glossaire

Ardhanârîshvara : «le Seigneur à demi féminin». Forme androgyne du dieu Shiva composée d'une moitié droite masculine et d'une moitié gauche féminine.

Arjuna : héros du *Mahâbhârata*, Arjuna est l'un des cinq frères Pândava.

Avalokiteshvara : «le Seigneur qui regarde vers le bas». Un des principaux bodhisattva dans le bouddhisme mahâyâna. Il incarne l'une des deux qualités majeures du Buddha, la compassion.

Bodhisattva : «être promis à l'Éveil». Les bodhisattva renoncent au *nirvâna*, «l'extinction totale», pour sauver tous les êtres. La vertu déterminante de leur action est la compassion, soutenue par la connaissance et la sagesse parfaites. Les bodhisattva sont fréquemment représentés parés et richement vêtus.

Bouddhisme : le bouddhisme apparut au VIe ou au Ve siècle av. J.-C. Son fondateur, le Buddha («l'Éveillé»), formula les quatre vérités fondamentales sur l'origine de la souffrance et les moyens de s'en délivrer. Il prônait le respect de tous les êtres, la non-violence et la méditation afin d'atteindre le salut. Le bouddhisme se partage en trois grands courants :

- **Hînayâna** (le «petit Véhicule», dit aussi Theravâda) : le bouddhisme originel dans lequel seuls les religieux ont accès au salut, mais les laïcs peuvent l'obtenir en accumulant un certain nombre de mérites au cours de leurs existences successives.
- **Mahâyâna** (le «grand Véhicule») : forme dans laquelle les fidèles sont aidés dans leur progression spirituelle par les bodhisattva, lesquels retardent leur accès au *nirvâna* pour venir au secours de tous les êtres.
- **Vajrayâna** (le «Véhicule de diamant» ou bouddhisme tantrique) : cette forme très complexe du bouddhisme permet aux adeptes d'obtenir le salut en une seule existence par des pratiques ésotériques.

Brahmanisme (également hindouisme) : religion trouvant son origine dans le védisme parvenu en Inde dans la seconde moitié du IIe millénaire av. J.-C. et qui se mêla aux religions autochtones, animistes et chthoniennes. En fonction des orientations sectaires, le principe divin suprême peut porter divers noms : Shiva, Vishnu, etc. Dans la conception cyclique du temps en Inde, l'âme individuelle des fidèles progresse d'existence en existence jusqu'à s'unir à l'âme universelle du créateur, obtenant ainsi le salut.

Buddha : littéralement «l'Éveillé» : dans un premier temps, cette épithète désignait Shâkyamuni (le Buddha historique). Le développement des doctrines bouddhiques devait en faire un terme générique désignant tout être ayant atteint la libération parfaite, laquelle permet d'échapper au cycle des renaissances (*samsâra*).

Durgâ : «(celle qui est) Imprenable». Un des aspects de Pârvatî, l'épouse de Shiva. Sous les traits de Mahishâsuramardinî, Durgâ anéantit le Démon-buffle, incarnation du mal.

***Ekamukhalinga* :** *linga* (symbole du dieu Shiva, également son phallus évoquant sa capacité de création) orné d'un visage.

Ganesha : dieu associé au savoir et à la connaissance, identifiable à sa tête d'éléphant. Il est celui que l'on invoque pour abattre les obsacles.

***Gavâksha* :** «œil de bœuf» ; élément de décor architectural en forme de fausse lucarne dans laquelle diverses divinités peuvent être figurées.

Hanumân : héros du *Râmâyana* ; général en chef de l'armée des singes.

Jaïnisme : le terme jaïnisme dérive de la racine sanskrite *ji*, «conquérir». Il renvoie au combat que le moine jaïn doit mener contre ses passions afin d'accéder à l'omniscience et à la complète purification de son âme.

Kârttikeya/Kumâra/Skanda : dieu de la guerre, époux des armées divines. Il est le fils adoptif des Krittikâ (les étoiles de la constellation des Pléiades).

Kaumârî : épouse de Kumâra/Kârttikeya/Skanda.

Lakshmana : frère de Râma.

***Mahâbhârata* :** «La grande geste des Bhâratides». L'une des deux épopées indiennes classiques, avec le *Râmâyana*. L'histoire raconte la rivalité qui opposa les frères Pândava, fils du roi Pându de Hastinâpura, à leurs cousins les Kaurava, ainsi que la grande bataille qu'ils se livrèrent sur le Kurukshetra. Dans ce texte, Krishna – un aspect du dieu Vishnu – apparaît en tant qu'aurige d'Arjuna.

Maitreya : l'un des principaux bodhisattva ; le futur Buddha historique.

***Mithuna* :** couple d'amoureux.

Natesha : Shiva en tant que Seigneur de la danse par laquelle il détruit et, implicitement, recrée le monde.

Pârvatî : «Fille de la montagne», épouse de Shiva.

***Râmâyana* :** «La marche de Râma», épopée contant les exploits du héros mythique, Râma, considéré comme un aspect du dieu Vishnu, et de son compagnon, le singe Hanumân.

Shâkyamuni : le Buddha historique, Siddhârtha Gautama, est né près de l'actuelle frontière népalo-indienne au VIe ou au Ve siècle av. J.-C. Son père appartenait à la caste des *kshatriya* (celle des rois, princes et guerriers). Ayant pris conscience de la douleur humaine, il quitta le palais paternel en secret, abandonnant son existence princière ainsi que son épouse et son tout jeune fils. Il suivit successivement l'enseignement de deux maîtres brahmanes, puis se soumit à une dure ascèse. Près de l'actuelle Bodh Gayâ, à l'ombre d'un *ficus religiosa*, Siddhârtha, dès lors appelé Shâkyamuni, « le sage du clan des Shâkya », entreprit une longue méditation qui l'amena à l'Éveil, devenant ainsi un Buddha. Sa mort, à l'âge de quatre-vingts ans, se situerait vers 480 avant notre ère ou, selon certaines études récentes, vers 400.

***Shâlabhanjikâ* :** «celle qui fait ployer l'arbre *shâla*». Divinité féminine de rang secondaire, symbole de fécondité. Aux encadrements de porte des temples, les *shâlabhanjikâ* sont des motifs de bon augure.

Shiva : «le Bénéfique». Dans l'hindouisme, Shiva est l'un des dieux majeurs du panthéon. Aux côtés de Vishnu et de Brahmâ, il est l'un des membres de la *Trimûrti*, la triade divine, dans laquelle il assume les fonctions de destructeur. Son symbole est le *linga*, représentant la puissance vitale divine. Il est identifiable à son troisième œil frontal et à ses attributs : le trident, le vase à eau, le rosaire, etc. Sa monture est le taureau à bosse Nandin.

Sîtâ : épouse de Râma.

Skanda : voir Kârttikeya/Kumâra/Skanda.

***Stûpa* :** à l'origine, le *stûpa* était un monument funéraire édifié sur les reliques du Buddha historique. Très rapidement, le monument est aussi devenu commémoratif ou, lorsqu'il apparaît en sculpture, votif.

Târâ : entité spirituelle féminine du bouddhisme mahâyâna ; contrepartie du bodhisattva Avalokiteshvara.

Tîrthankara : littéralement «faiseur de gué», également jina, «vainqueur». Dans le jaïnisme, les tîrthankara ont franchi tous les cycles de renaissance et établi un «passage» vers le salut pour les adeptes. Mahâvîra (VIe siècle av. J.-C.) fut le dernier des 24 tîrthankara reconnus par la tradition jaïne.

***Torana* :** portique monumental marquant l'entrée d'un temple.

***Vidyâdhara* :** «porteurs de science». Classe de divinités secondaires qu'on représente souvent en attitude de vol, venant rendre hommage aux dieux hindous, aux tîrthankara jaïns ou au Buddha.

Vishnu : avec Shiva et Brahmâ, Vishnu est l'un des membres de la triade hindoue (*Trimûrti*). Il est le dieu qui préserve le monde. Ses «descentes» (*avatâra*) sont souvent représentées, tels Varâha (le Sanglier), Narasimha (l'Homme-lion), Vâmana (le Nain), Râma et Krishna. Ses attributs habituels sont la massue, la conque et le *chakra* (arme de jet en forme de disque). Il a pour monture l'oiseau Garuda.

Vishvarûpa : forme cosmique du dieu Vishnu dans laquelle toutes les créatures de l'Univers sont incluses.

***Vyâla* :** animal fantastique du bestiaire sacré de l'Inde. Son combat contre des guerriers célestes évoque l'affrontement des passions de l'âme humaine.

Les photographies des oeuvres ont été réalisées par Aditya Arya, New Delhi.
Les photographies des pages 46 et 49 proviennent de La Collection Jean-Louis Nou, Paris et celles des pages 47 et 48 ont été réalisées par Achilleus.

Directeur des éditions
Pierre Vallaud

Chef du département du livre
Catherine Marquet

Responsable d'édition
Marie-Claude Bianchini

Préparation et relecture des textes
Brigitte de la Broise

Conception graphique
et mise en pages
Romain Hisquin

Fabrication
Isabelle Floc'h

Photogravure
Arciel Graphic, Paris

Impression, mars 2007
Imprimerie Mame, Tours

Dépôt légal : avril 2007
ISBN : 978-2-7118-5289-5
EA 10 5289